世界の大学をめざせ！

アメリカのスーパーエリート校入門

石松久幸 監修／三竹大吉 著

松柏社

はじめに　♂ 石松久幸

　サッカーにせよ野球にせよ、日本の一流選手たちはより高度な活躍の場を求めて、次々とヨーロッパやアメリカに挑戦しに行く。ヴァイオリンやバレエなどの芸術の世界も同様だ。最高の環境に身を置き、トップクラスの指導を受け、自分を信じ磨きながら、厳しい競争の中を生き、己の才能を最大限に発揮しようとする。

　学問の世界も同じだ。日本の自然科学系ノーベル賞受賞者の３分の２は、海外の大学に留学していたか研究員として在籍したという経歴を持っている。そこには日本よりはるかに豊富な研究資金と自由に研究に専念できる環境があるからだ。

　近年、日本の若者が余り海外に出なくなったと言われている。大学について言えば、日本人留学生の数は昔と比べて激減した。日本国内の東大をはじめとする「一流」と呼ばれる大学に身を委ねてそれで良しとしているようにも見える。

　だが、最新のTHEランキングによると、東大は世界の大学で43位、京大が88位である。200位以内に入っている日本の大学は他に一校も無く、慶大は500位台である。このランキングには含まれていないリベラルアーツ校をも加えれば、日本の大学のランクは更に低くなることだろう。悔しいが、否定することの出来ない現実である。

少数だが外国のエリート校に挑戦する日本の若者もいる。何故なら彼らはそれが自分を更に高める価値あることだと知っているからだ。一度きりの人生ならば、最高の環境に身を委ね、自分の可能性の全てを試してみたいと思うのは当然である。彼らは、はっきりとした目標を掲げてそれに向かって真摯な努力を惜しまない。それがやがて彼らの人生の血となり肉となることは疑いの余地もない。

　今、大学選びは国内だけに目を向けている時代ではない。世界中から優秀な学生が集まって来るアメリカの大学。そこに自ら身を置いて切磋琢磨することの意義は誰が見ても明らかだ。

　この本は世界のエリート大学を、何度も何度も訪れた著者が肌で感じた印象記である。そこには日本という「井戸」の中に居ては到底得ることの出来ない、新鮮で、大きな驚きと感動がある。そんな場所に、一人でも多くの日本の若者が、既存の組織から離れ「一本どっこ」となって挑戦しに行って欲しい、するべきだ、という、著者の熱い想いが伝わって来る。

　この本を手に取ったあなたには、世界の大学に挑戦してみようという気持ちが心のどこかにある。その芽を大切に育てて、ぜひ開花させて欲しい。たった一度きりの人生、自分でどんどん切り開いていって欲しい。そのための入門書である。

目次

はじめに ——————————————————— 2

第1章：世界の大学Q&A

1・01 カリフォルニア大学ってよい大学？ ——————— 8
1・02 アメリカの教育レベルが高いのは学部ではなく大学院というのは本当？ 14
1・03 なぜ日本人はHARVARDという名前に弱いのか？ ——— 22
1・04 アメリカの一流大学に一番簡単に入学する方法 ——— 28
1・05 海外の大学授業料は妥当といえるか？ —————— 34
1・06 海外で必要なのは、日本を語れること —————— 42
1・07 アメリカ人とうまくやっていくコツはあるだろうか？ — 48
1・08 海外で日本研究学科の学生が金の卵である理由 —— 56
1・09 世界の大学ランキングは本当にあてになるのか？ —— 62
    1. 美しいキャンパスを持つ海外の大学 ················· 68
    2. 学食が美味しい海外の大学 ························· 74
    3. 大学グッズ世界 No.1 は？ ·························· 76
1・10 世界の大学には挑戦する価値があるか？ ————— 80

第2章：ライブラリアンの見た世界の大学

2・01 Stanford は乗馬クラブがお好き？ ——— 石松久幸 88
2・02 アメリカ大西部と源氏物語 ——————— 石松久幸 96
2・03 もっと広い世界へ―留学のすすめ ——— 横田カーター啓子 100
2・04 太平洋の楽園で勉強や研究？ ————— バゼル山本登紀子 110

第3章：世界の大学案内

3・01　The University of California, Berkeley ———— 126

3・02　Princeton University ———— 132

3・03　Cornell University ———— 140

3・04　Yale University ———— 146

3・05　Stanford University ———— 152

3・06　Duke University ———— 158

3・07　The University of California, Los Angeles ———— 162

3・08　The University of Sydney ———— 170

3・09　The University of Melbourne ———— 176

3・10　National University of Singapore ———— 184

3・11　Leiden University ———— 190

3・12　Lund University ———— 196

巻末：対談　世界の大学を旅して

対談 ● 石松 久幸 & 三竹 大吉 ———— 204

カリフォルニアにある石松氏の牧場にて、
これまで訪れた世界の大学について話しあう巻末エッセイ。
二人が一緒に見て回った世界の大学見聞録。

あとがき ———— 212

第1章

世界の大学 Q&A

カリフォルニア大学ってよい大学？

　カリフォルニア大学（University of California 通称UC）をひとくくりに同じ大学と思っている人たちが多い。UCとCalifornia State University（CAL State）の違い、等々。実は恐ろしいほどわかっていないアメリカの大学事情についてお話ししてみたい。

　世界最大のバイリンガル就職イベントであるボストン・キャリアフォーラム（http://www.careerforum.net/event/bos/）には、毎年日本からたくさんの日系企業が参加している。私の長男（今は就職して北米に駐在中）も現地で日系企業のお手伝いと称して学生時代にアルバイトをしたことがある。ところが、誰もが知る大企業が高い出張費を払ってブースを開いているわりには、恐ろしいほど北米大学の状況を知らないのが実情のようだ。

　例えば、学生の履歴書に'University of California'と書かれているので、州立大学であることくらいはご存知のようだが、レベルの判定がどうもわからないらしい。「ねえ、カリフォルニア大学ってよい大学だよね？」と私の息子に真顔で質問したらしい。

　カリフォルニア大学には10キャンパスあって、それぞれ

が日本の総合大学並に大きく、各キャンパスの個性も特徴もまったく異なることを日本から来た人事担当者はご存じなかったのだ。由緒あるBerkeley校（正確にはバークリーと発音する）から一番新しいMerced校（マーセド）まで、一口にカリフォルニア大学といっても、その入学難易度やキャンパスの性格などまったく異なる。

日本の国土より広いカリフォルニア州にある「全米で最高の州立大学」であることは確かだが、例えるなら、日本の旧帝大グループがUniversity of Californiaと思った方がよい。

さらにいうと、各州にはUniversiy of と名の付く大学のほかに、State Universityという別の大学群も存在する。カリフォ

バークリー東アジア図書館

ルニア州でいえば、California State University（通称Cal State）がそれだ。現在州内に23キャンパスもある。そしてもちろんCal StateとUCでは高等教育のレベルが大きく異なる。日本からいらしたグレースーツに白シャツ姿の日系企業の方々にはこの点がさらに混乱を招く原因となるらしい。

簡単な区分として、UCは学術研究目的、Cal Stateは教育目的と言ったらわかりやすいだろうか。UCは大学院教育が中心であり、Cal Stateの大学院プログラムはMaster（修士）までというのが一般的である。

北米には1,000以上のコミュニティ・カレッジ（Community College）があり、カリフォルニアでカレッジと名のつく広大なキャンパスの大学に入学したと思ったら、実は基本誰でも入れるコミュニティ・カレッジだったという笑い話もある。この地域密着型のコミュニティ・カレッジと総合大学との関係については別のコラム「アメリカの一流大学に一番簡単に入学する方法」で述べる。

話をUCに戻すと、ではどういう基準を持って大学選びをしたらよいのだろうか？ 入ってからの授業のこと、キャンパスライフの楽しさ、生活危険度、就職に強い大学？ 等など。その答えのひとつの基準になるのは、SAT（Scholastic Assessment Test：大学進学適性試験）の入学最低ラインだろう。そして各大学の長所、つまり平たく言えば看板分野は？ その他では授業料だ。カリフォルニア州民と海外留学生では

授業料にかなり差があること、アジア人比率（カナダにあるUniversity of British Columbiaのように、入学して周りを見たらアジア人だらけだったという笑えない状況もある）等々基本的な情報を事前にしっかり把握しておくことが肝心だろう。本書では足で歩いて知り得た現地の実際の情報をお伝えしたいと思っている。

UCを例に取ると、これはあくまで私見だが、SATトップ3大学には入りたい。UC Berkeley（バークリー校）、UC Los Angeles（UCLA）、UC San Diego（サンディエゴ校）がそれだ。それに続く大学、UC Santa Barbara（サンタ・バーバラ校）、

UCLA

UC Irvine（アーバイン校）、UC Davis（デービス校）もよい大学だが上記3キャンパスは頭ひとつ飛び抜けている。どうせアメリカの大学を目指すのであれば、最低でもUCトップ3キャンパスに入りたいところである。

　逆に3大学の中では、看板学部により志望順位が異なる場合はありえる。私の友人の息子さんは、バークリー校に受かったが自身の第一希望がサンディエゴ校の工学部だったのですんなりそちらを選択した。今は大学院へ進んでいる。将来は人工知能分野の職につく計画だという。これはアメリカ国内では至って当たり前のこと。要は名前に惑わされないこと。学部ですべてが決まるわけではないこと。その先の大学院も

UCLAキャンパス

見据えた大学選びをすべきであること。本書で繰り返し述べるのはそういう視点である。

第1章　世界の大学Q&A

アメリカの教育レベルが高いのは
学部ではなく大学院というのは本当か？

　東大ではなくアメリカの大学へ直接進学を希望する日本の高校生が増えているらしい。絶対数はまだ少ないのかもしれないが、これは選択肢が増えて喜ばしいことだと思う。しかし、名の知れたアメリカの一流大学がすべてレベルの高い教育を行っていると考えるのはちょっと短絡的だろう。アメリカに限らず海外の大学を目指す前に、自分の進路について（費用面も含めて）入念に検討することが肝心だろう。

　一般に、学部（undergraduate）では、教授自身が教えることもあるが、教授の代わりに大学院生が学部生のクラスを面倒見ることも頻繁に行われている。教えることが院生のひとつのカリキュラムになっていることも多い。

　アメリカのトップ校は、研究重視型大学（research university）と呼ばれるが、彼らの主眼は研究であり、中心は大学院教育であるからだ。

　図書館予算の半分以上が大学院向けに確保されているのが一般的である。多いところでは80％を超えるところもある。アメリカの名門大学は大学院しか眼中にないといったら大袈裟か。なにしろノーベル賞を何人輩出したかを競うお国柄である。

さらにもうひとつのルートとして、リベラル・アート・カレッジと呼ばれる名門校を選ぶ道もある。こちらは日本人の方々にはあまり馴染みがないが、昔から少人数制で質の高い教育を行っている。多くが東海岸に集中していて、大学院は持たず、幅広い教養を身につけるために、最初は全寮制で生活することが基本となっている。裕福な家庭の子女が多く、授業料は高い。代表的な学校として、Amherst College, Oberlin College, Smith Collegeなどが挙がる。ある意味、一番裕福な家庭の子女は、リベラル・アート・カレッジから研究大学院へ進むルートを選ぶと言えるかもしれない。リベラル・アート・カレッジについては別の章でも触れてみたい。

というわけで、アメリカの賢い家庭では、学部は授業料の安い州立大学へ通い、本当の勉強は大学院（graduate school）からと決めているケースも多い。ゆえに学部と大学院では違う大学に通うのが一般的である。日本のようにエスカレーター式に同じ大学の大学院、つまり同じ指導教授にずっと習うことはむしろ稀である。

アメリカの大学の授業料は、私立だと年間平均4万ドル（500万円）くらいかかる。日本は文科系だと高くなったとはいえ100万円程度だろう。つまりアメリカの学部へ行くのに授業料だけで5倍払う計算である。

一番賢い勉強方法は、日本の一流大学で4年間勉強し、そのあと自分の専門分野をアメリカの大学院（graduate

school）で研究する。このルートがベストではないかと私は考える。

　私の知り合いは、この方法でアメリカ東部のエモリー大学（Emory University）大学院へ進学し、スカラーシップ（給付金）を貰って授業料を殆ど払わずに済ませた。さらに図書館でアルバイトをしてお小遣いの足しにしていた。エモリー大学は医学部が有名なリッチな私立大学だが、コカコーラの創業者が大学の財政的基盤を作ったと言われている。

　もしくは、一旦日本の企業に就職して、会社のお金で大学院へ留学するという道もある。MBAなどむしろこのルートの方が正統派だろう。つまり数年でも社会経験を積んでから、自分のやりたい専門分野を磨くために大学院（graduate school）へ行く、という至極真っ当な理由付けである。

　私がサンフランシスコ時代に知り合った会社員は、日系メーカーS社からスタンフォード大学に留学してきた人であった。その前はMITにも留学経験があると言っていたので相当優秀な社員だったのだろう。全額会社負担なので、現地の生活にも当然余裕が出る。

　これは余談だが、その人は研究とは別に車が趣味で留学中に現地で何台も車を所有していた（世界で新車の値段が一番安いのはアメリカである）。実は私に中古のボルボを安く譲っ

てくれたのもその人なのだけれど、2年間の留学を無事終了し、帰国する際に、BMW Mクーペという高級スポーツカーを日本へ持ち帰った。なんとも優雅な社会人留学である。

　さてスタンフォードの名前が出たので、少しスタンフォード大学のキャンパスについても触れておくと、サンフランシスコ郊外にあるそのキャンパスは、いつ行っても道行く学生が少ない、という印象を持つ。総面積993万坪といっても想像出来ないだろうが、どこまでがキャンパスなのかわからないくらい広い。それもシリコンバレーの中心Palo Altoという全米でもトップクラスの高級住宅エリアにキャンパスがあるので、いかに大学がリッチかわかってもらえるだろう。そこに学生18,000人（うち学部生7,000人）しかいないのである。少なく映るのも当たり前であろう。

　かつて、バークリー校が早稲田大学で、スタンフォード大学が慶應義塾大学に譬えられたことがあるが、歴史的には早稲田大学はシカゴ大学と関係を持ち、戦前には野球の交流試合も行っている。今もシカゴ大学の室内プール横には当時の写真が飾られている。最近は早稲田大学出身の教師である角田柳作を縁としてコロンビア大学との交流も盛んとなっている。

　一方のスタンフォード大学は、どこの大学とも提携を結ばないのを基本方針としている。Stanford Wayというか、す

べてがスマートで、超優良企業が大学を経営しているイメージである。

そこにいる学生もみなスマートに見える。お育ちが良く、何か質問しても笑顔で親切に応対してくれる。しかしその裏で物凄く勉強させられている。スタンフォード大学の学部生用図書館Meyer Libraryは24時間開いているし、他の専門図書館も最低夜中の12時までは開いている。図書館内には仮眠室まで用意されている。それくらい勉強漬けの日々を送っている。

そんな彼らが週のうち唯一羽を伸ばすのが、金曜日の夜か

シカゴ大学に展示されている早稲田大学野球部

ら土曜にかけてである。図書館もその日だけは空いている。そして日曜日の朝になるとまた学生が戻ってきて図書館のテーブルが占領されるというわけだ。はたして日本の大学はどうなろう？

　スタンフォード大学は西部の名門私立だが、東部のアイビー・リーグ校のひとつ、コーネル大学（Cornell University）を訪れた時のエピソードである。コーネル大学はニューヨーク州のはずれ、イサカという小さな街にある。キャンパスの中に川も流れる綺麗な場所だが、辺鄙な所にあるので遊ぶ場所がない。日本からきた出版社の営業マンと私がコーネル大学で仕事を終えて、次の目的地であるニュー

スタンフォード大学

ヨークへバスで移動することにした。そのバスというのが金曜日の夜便だったものだから大変である。コーネル大学の学生たちで車内は盛り上がり、5時間半の移動の最中一睡も出来ないくらいのどんちゃん騒ぎだったのである。彼らにとってはそのくらい週一回羽を伸ばせる時間が貴重なのだろう。我々おじさんは、ただただ苦笑しつつ、彼らの熱いエネルギーを身近で感じたひとときであった。

第1章 世界の大学 Q&A

スタンフォード大学 キャンパス

コーネル大学の校舎

なぜ日本人はHARVARDという名前に弱いのか？

　1990年代中頃、今はない日本の大企業がスポンサーになって、国立国会図書館の大型商品を北米の大学へ寄付するというプロジェクトが立ち上がった。数千万円の寄贈額ゆえ北米の一流大学がこぞって申請した。のちにその企業が倒産して大騒ぎとなるのだが、この寄付の第一号となったのが、ハーバード大学（Harvard University）である。企業側からしても、ハーバード大学に寄贈できることは名誉に感じたのであろう。今もハーバード大学の図書館には当時の寄贈プレートが壁に埋め込まれている。

　なぜこの話を持ち出したかというと、日本人は数あるアメリカの名門大学の中でもHARVARDという名前に人一倍弱いと思うからである。

　確かにハーバード大学は誰しも知るトップクラス中のトップ校であるが、北米の大学群は、日本のように東大を頂点としたヒエラルキーとは大きく異なる。

　*U.S. News & World Report*の毎年の大学ランキングを見ても、常に首位の座をプリンストン大学やMITと争っている。Research Universityと呼ばれる北米のトップ大学群（仮に25校としよう）の上位校はどこも同じくらいレベルが高い、

と考えるほうが自然だろう。

　アイビーリーグ（IVY League）8校を序列化することはできないし、アイビーリーグ以外にも同じくらいレベルの高い大学郡が私立大学だけ挙げてもいくつも存在する。例:シカゴ大学、デューク大学、MIT等々。

　ところが、日本人は概略がわかっていても、どうしても'HARVARD' という名前に目がくらむ。ブランド力といってしまえばそれまでだが、そこには日本人およびアジア人独特のブランド志向があるように思う。

　ハーバード大学は、世界でも飛びぬけて巨大な資金力を

ハーバード大学のエンブレム

有していると言われる。毎年の寄付金だけで1,200億円を超える。アメリカのスポーツ中継でよく耳にする単語に、'Dominate'（相手を圧倒する）という言葉がある。まさにハーバード大学は他を圧倒している印象がある。同じトップ校でもイェール大学やプリンストン大学にはそこまでの威圧感はない。日本人や中国人がハーバード大学を好むのは、この圧倒的な存在感なのではないかと思われる。

　中でもビジネス界のネットワークは相当強力だろう。ハーバード・ビジネス・スクールでは、まさにその人脈の作り方を徹底的に教えられるわけだ。

　ハーバード大学の場所は、チャールズ川を挟んでボストンの対岸、ケンブリッジという土地に本キャンパスがある。近くにMITもあり、この付近一帯だけで60を越える大学が存在するといわれる。ケンブリッジは、典型的な学生の街で、平日も夜11時頃まで一般の店が開いていて活気があり治安もよい。毎年世界中から研究者や旅行者が訪れる。

　そのハーバード大学の正門近くに、ひときわ大きなブックショップ（University Bookshop）がある。ブックショップは、書籍部門と雑貨部門にビルが分かれており、どちらも繁盛している。特に雑貨部門は大学グッズで溢れている。私が初めてハーバード大学を訪れたのは2002年初頭で、その時は今の姿と異なりビルはひとつであったのだが、あまりに大

学グッズが売れるので改装して片方のビルをグッズ専用にしたそうである。そしていつ行ってもアジア人、とりわけ日本人と中国人で賑わっている。皆'HARVARD'のエンブレムが大好きなのである。

　実は私も大学グッズのコレクターで、海外の大学を訪れると必ずUniversity Bookshopに立ち寄るようにしている。そのことについては別のコラムで述べるが、多分ハーバードの大学グッズはダントツで世界一の売上だと思う。

　ハーバード大学は、いわずと知れたアメリカ最古の高等教育機関である。キャンパスの中心は、「オールドヤード」と呼ばれる芝生のフィールド。有名人がスピーチすることで有名な卒業式はここで行われる。

　大学には90近い図書館がある。中央図書館を意味するワイドナー図書館を筆頭に専門分野別に図書館が配置されている。どこの図書館もメンバーのみ利用できる。ビジターの利用は（招待状など持たない限り）入館は難しい。
これはハーバード大学に限らず、アメリカの私立大学はどこも基本的に同じ方針で、住民に開放している州立大学と大きく異なる点となっている。

　90近い図書館の中で、ハーバード大学の圧倒的な存在感を象徴する図書館としてHarvard Law School Libraryの見学をお薦めしたい。こちらの内装の豪華さとアカデミックな雰

囲気はひときわ輝きを放っている。残念ながら知り合いや招待状がないと中へ入るのは容易ではないが、受付で用件を伝えてトライしてみる価値はあると思う。

もうひとつお薦めは、大学の美術館（Harvard Art Museum）だ。プリンストン大学やイェール大学の美術館も素晴らしいが、ハーバード大学のコレクションは別格である。日本人の好きな印象派から現代アートまで、オリジナルを間近で鑑賞することができる。それもいつ行っても空いているところがよい。大学訪問の際は是非、大学美術館もお忘れなく。

図書館のひとつ、東アジア研究のHarvard-Yenching Library（燕京図書館）には個人的に特別な思い出がある。"イエンチン分類"と呼ばれる東アジア言語の分類方法が世界中で利用

Harvard Law School Library

されていた時代があり、かつて東南アジアやオーストラリアの図書館を訪問すると、必ずこのイエンチン分類を目にした。それだけHarvard-Yenchingという呼び名は世界的に有名で、私の頭の中にも強くインプットされていた。一体どんな図書館なのか、是非一度見てみたいと強く想うようになった。

　その夢がかなったのは2002年初旬。私は朝早くから、地図を片手にハーバード大学のキャンパス内を一所懸命探すのだが一向に見つからない。しかたなく道行く学生に建物を教えてもらい、ようやく理解したのは、なんと自分はYenching Libraryの前を何度も通り過ぎていたのである。地上2階建て、渋いレンガ作り、中央に小さな扉を持つその建物は、少なくとも外から見る限りとても地味で控えめな印象と言えた。

　ハーバード大学の名誉のために断っておくと、建物の中の蔵書の偉大さとそこで働いている司書の方々が超一流なのは疑いの余地がない。各階の書庫も見学させてもらったが、一糸乱れぬ蔵書の配列に、ハーバード大学のプライドを見た思いがした。ハーバード燕京研究所が、学問は器じゃないよ、と言っているようで自分が恥ずかしかった。世界のHarvard-Yenchingだから、さぞかし大きくて太い柱で出来た荘厳な建物だろうと勝手に想像していたわけである。

　かくいう私も'HARVARD'というブランドに弱いひとりの日本人であったのかもしれない。

アメリカの一流大学に一番簡単に入学する方法

　高校時代にあまり勉強せずに成績が悪くても、天下のカリフォルニア大学に入学できるルートがあるのをご存知だろうか？

　アメリカの公立高校は州の住民であれば誰でも行くことができる。通う学校は原則住んでいる住所で自動的に決められている。高校が4年間となる5-3-4システム、高校まで義務教育なので日本のように高校受験はない（私立高校は別）。

　つまり地元の中学校からクラスメートがそのままエスカレートすることになるので、成績もできのよい生徒と悪い生徒が高校でも一緒ということになる。それを嫌った親は子供を私立へ行かせることになる。この辺の事情は日本と一緒であろう。一説によると、カリフォルニア州ではワークパーミット（労働許可）を持たない親の子弟も学校は受け入れているらしい。主にメキシコからの違法労働者であるが、もしこの話が本当なら善し悪しは別としてアメリカ教育の寛大さが伺える話だろう。ちなみに公立の授業料は基本的にタダである。

　そして高校時代に成績が最下位の生徒であっても、天下のカリフォルニア大学にちゃんと入学して、キャンパスに仲間入りし、そのあとまじめに単位を取ればまわりの人たちとな

んら変わらず、正規のカリフォルニア大学の卒業証書をもらえる便利なシステムがある。実際に息子の友人もその方法を使ってUC Irvine（カリフォルニア大学アーバイン校）に編入し卒業後に立派な社会人となった。今は南カリフォルニアで優雅な一人暮らしを送っている。

その方法とは、高校卒業時に最初コミュニティ・カレッジ（Community College）に通い、そこで2年間勉強する。ここは基本的に誰でも入れる。留学生でも手続きを踏めば入学することができる。次に3年次になるタイミングでカリフォルニア大学へ編入し3・4年をカリフォルニア大学のキャンパスで学び卒業するというルート。肩書はれっきとしたカリフォルニア大学卒。コミュニティ・カレッジは今言ったように誰でも入れるので、高校時代どんなに成績が悪くてもそこで2年間まじめに勉強すれば見事カリフォルニア大学の学生に変身することが可能となる。

カリフォルニア州を例に取り、もう少し詳しく説明してみよう。

現在カリフォルニア州には115のコミュニティカレッジがある。地元の学校といっても日本の大学よりよほど広いキャンパスを持つ。車で通学する学生も多い。また一般に英語力に自信のない日本人学生が最初に入るのが、このコミュ

ニティ・カレッジだ。但し留学生の授業料は地元住民に比べて何倍も高いことは最初から覚悟する必要がある。

無事に入学したあとの2年間で、決められた必須の一般教育科目の中から、必要とされる単位をまじめに勉強しクリヤーする。そうすると晴れてカリフォルニア州立大学への編入権を取得することになる。

カリフォリニア州には、23のカリフォルニア州立大学（California State University）と10のカリフォルニア大学（University of California）があることはすでに別の章で述べた。つまり、115あるコミュニティ・カレッジのいずれかで2年間まじめに勉強すれば、「大学間単位認定制度」の恩恵をフルに利用して、33ヶ所あるカリフォルニアの州立大学のいずれかに編入することができる仕組みとなっている（実際には2つの大学院大学があるので31ヶ所というのが正しい）。

もちろん、カリフォルニアの州立大学の中にも序列はあるので、どこでも自分の希望する大学に編入できるわけではない。GPA（Grade Point Average）と呼ばれる平均成績により、編入できる大学が絞られる。バークリー校やUCLA（カリフォルニア大学ロサンゼルス校）が最難関であることは変わらない。

しかし、冒頭で息子の友人が簡単にアーバイン校へ編入できたように、その判定基準は高校からSAT（Scholastic Assessment Test：大学進学適性試験）の成績を元に大学合

否が決定される正規ルートに比べると相当甘いと言われている。その理由のひとつに、州の決まりとして、地元コミュニティカレッジから毎年ある一定のパーセンテージの学生を編入者として受け入れなくてはいけないという縛りが昔から存在するからである。

　この仕組みを使って、カリフォルニア大学10キャンパスの中でも第二グループと言われるUC Santa Barbara（サンタ・バーバラ校）、UC Irvine（アーバイン校）、それにUC Davis

南カリフォルニアに咲くジャカランダの花

（デービス校）といった優良州立大学へ編入していった学生を何人も見てきた。日本で言えば、地元の専門学校から旧帝大のひとつに編入するくらいの落差であろうか。例えば、デービス校は世界大学ランキングで44位、東大は43位（Times Higher Education 2015-16）である。

この「大学間単位認定制度」は、州により設定のあり方に違いはあるものの、基本的に多くの州で実施しているありがたいきまりなのである。

一方で正規の受験をパスして、高校からストレートに入学してきた学生たちから不満の声は上がらないのだろうか？高校の同じクラスで成績がビリだった同級生が、2年後にまた同じ大学で席を並べて勉強することになるわけで、まじめに勉強してきた学生にとっては面白くないであろう。

しかしながら、そこは現実にはうまく棲み分けができているようである。なぜなら、3年から編入してきた学生は残りの2年間で専門科目の単位を必死に取らなければならない。コミュニティ・カレッジから楽なコースを使って3年次編入してきたはいいが、実は4年で卒業できず、さらに何年もかけてようやく州立大学を卒業する学生が多いのだ。さきほど伝えたアーバイン校卒の友人も（大学側の供給するカリキュラム数が十分ではなかったという特別な理由があったにせよ）やはり卒業するのに6年かかっている。

彼は、歳は違えど毎週のように一緒にサッカーに興じてきた遊び仲間であった。もしかしてこの私にも責任の一端があるのかもしれないと思うと、今も心が痛む。「アメリカの大学は入学は容易なれど卒業は難しい」という常識は、ここでも健在ということなのかもしれない。

海外の大学授業料は妥当といえるか？

　授業料の仕組みは私立・公立の区別で異なるし各国事情はさまざまだが、ご存知のようにいずれの場合も日本より高額である。

　良く知られているのはアメリカのアイビーリーグ（Ivy League：アメリカ合衆国北東部に所在する、世界屈指の名門私立大学8校からなる連盟）を始めとする私立大学で、授業料は年間平均4.5〜5万ドル（約500万〜600万）。州立は注意が必要で、まず州の住民（Residence）かどうかで違ってくる。あくまで一般論だが、州の住民で1万ドル、州以外の住民で1.5〜2万ドル、どちらにも属さない場合は留学生扱いとなり年間3万ドル以上が相場である。つまり日本から留学する場合、必ずしも州立大学の方が授業料が安いとは言い切れない。最近は各州財政逼迫のあおりで限りなく私立大学に近づいているのが実情だろう。そしてこの額は授業料のみである。その他、寮費、生活費など最低でも年間1万ドル以上かかると思った方がよい。

　アメリカ人もお金を持ってるわけではない。一般に貯蓄をしない国民と言われ、銀行に十分な預金など持ち合わせていない人も多い。というわけで、みな奨学金をいくつも申請して授業料の足しにしている。ところが留学生（つまり外国人）

はアメリカ国内の奨学金を申請しても殆ど認可されない。外国人にあてがう余裕があるなら自国民へ提供しようということか、留学生は一般に親が金持ちと思われているのか、どちらにしても絶望的に通らない。日本から行く場合は、大学院は別として、日本国内で奨学金を手当しておく必要がある。

　それではアメリカはやめて、日本人を含むアジア人に人気のオーストラリアはどうか？
　現在オーストラリアには37の大学が存在する。そのうち公立が35校、私立2校である。シドニー大学（University of Sydney）、メルボルン大学（University of Melbourne）、オー

シドニー大学のキャンパス

ストラリア国立大学（Australian National University）など、私もかつて何度も訪問した、国を代表する大学がお出迎えしてくれるが、こちらも安くはない。

　国民であれば年間1万オーストラリア・ドル（約100万円）だが、日本からの留学生だと平均その3倍（300万）かかる。オーストラリアの大学は3年で学士が取れるので総費用はアメリカに比べて安くすむが、卒業後に手にするライセンスは、世界的に見て欧米トップ校と同列に扱われる保証はない。あくまでオーストラリアの中の一流大学であって、卒業後にオーストラリアで就職する気ならばよいが、世界で活躍したいと望むなら、アメリカのトップ校と同じ扱いを期待しないほうがよいだろう。つまり日本の3倍の授業料を払った代償が3倍の世界的評価を得られるかというと疑問符が付くという意味である。私は豪州の大学が大好きだが、世間の目はそう甘くないのかもしれない。別のページで書いている世界の大学ランキングを参考にしてもらうとよいだろう。

　授業料の話をアメリカに戻すと、親の所得の低い家庭の子女には授業料が免除される制度は良く知られている。アイビーリーグは大学により違いがあるが、平均年収6万ドル以下の家庭の子弟は授業料が無料となる。但し、日本人の家庭だと大抵はこの基準をクリヤーしてしまうので、結局正規の学費を払う羽目になる。かくいう私自身も長男がアメリカの

大学に合格した時に、必死になって奨学金のあてを探し、大学のアドミッション・オフィスと何度も掛け合った経験があるので、授業料の大変さは身に沁みてわかっている。

ところが、これが大学院進学になると事情が大きく異なってくる。一般に学部生（Bachelor）から院生（Master / Doctor）コースへ進む際は、どこの大学も目の色を変えて優秀な学生を探しているから、成績優秀であればバラ色の待遇が待っていることもありえる。

別の章で紹介したエモリー大学の日本人院生のように、授業料タダ、生活費援助、おまけに図書館のアルバイトでお小遣いまで貰える待遇であった。これは極端な例にしても、一

研究重視型シカゴ大学の図書館

流の研究重視型大学（Research University）になればなるほど、あらゆるインセンティブ（奨励金）を講じて優秀な学生を集めようとする。彼らは将来ノーベル賞を取って大学の評価に貢献してくれるかもしれない。ノーベル賞受賞者89名を誇る大学院大学として有名なシカゴ大学では、ノーベル賞受賞者がかつてどこかのタイミングでシカゴ大学に関係していなかったかを、まじめに調査する担当者がいると聞いたことがある。どこの大学もお互い世界的な評価を競っている証であろう。ひとつ補足しておくと、専門大学院（MBAやLaw Schoolなど）よりも一般的な大学院（日本的にいうと経済研究科や電気博士課程）の方が奨学金は通り易い。

アメリカでは、大学をビジネスと割り切って考えている。運営側は大学の資産をいかに運用するかに集中する。彼らは授業や研究は行わない。大学経営のプロ集団なのである。イェール大学の大学基金運用方式が一時期評判になったことがある。ひとりのエキスパートが、10億ドルの大学基金を180億ドルに押し上げたために一躍有名になったのである。

イェール大学に限らず、すべての大学が自らの潤沢な大学基金を毎年効率よく運用している。大学経営グループと大学研究グループがはっきり分かれているのがアメリカ式大学運営の特徴と言えよう。その一方で日本の大学はというと、授業で教えるのも大学の運営を決めるのも、どちらも同じ教授

陣である。大学運営の多くの決定権は「学部長会」が持っているケースが一般的ではないだろうか。研究と実務の境界線があいまいと言えるかもしれない。部長会まで行かなくとも、学部に従事する教授の方たちも、みな授業のほかに色々な大学の役職を持たされている。女子大学で教授職にある友人は、4月新学期が1年で一番忙しい。学生の世話係を担当しているからで、アメリカの研究学会にも参加したいというが、毎年3月末に開かれるため参加している余裕がない。自身の研究に費やす時間を見つけるのが大変だ、といつもぼやいている。

別な見方をすると、日本の大学には、一人ひとりの学生の

イェール大学のカレッジ

面倒を手厚くみてくれる環境が整っていると言えるかもしれない。アメリカは州立だと学生数が3万人以上いるので日本の大学と学生規模は変わらない。アメリカの大学は学部生の面倒をそこまで見てはくれない。なにしろ院生が学部の授業を教えているくらいである。教養課程の勉強をしたいのであれば、なにも世界一有名な大学に行かなくても十分だろう。アメリカ人は専門課程は大学院から、と明確に解釈している。授業料のバリエーションはすでに述べた通りである。

　日本は留学生が大学卒業後にそのまま就職しやすい国である。外国人留学生の就労資格取得率も毎年90％を超えている。アメリカで一流大学を卒業しても、外国人だとビザの問題から就職先を見つけるのは簡単ではない。この点は日本からアメリカへ渡る留学生はみな肝に銘じておいたほうがよい。

　それでも海を渡って世界の一流大学へチャレンジしたい方のために、私が個人的に辿り着いた結論をお伝えしたい。

　それは、日本の一流大学で学部の4年間を過ごし、そのあと入念な調査と準備を持って、アメリカ一流大学の大学院（もしくはMBAなどの専門大学院）へ進む。この方法がコストパフォーマンスの面からもベストの選択ではないかと考える。もちろん奨学金付き、出来れば生活費も支援してもらおう。

　さて、皆さんはどう考えるだろうか？

第1章　世界の大学 Q&A

シカゴ大学図書館の中から見た景色

海外で必要なのは、日本を語れること

　以前、アイビーリーグの図書館長やディレクターが集まる会議の場に呼ばれて、日本の電子文献について発表してほしいと依頼を受けたことがある。ハーバード、コーネル、プリンストンなど東部名門大学の集まりで、通称NERL（NorthEast Research Libraries）というコンソーシアムであった。その時の会場はイェール大学だったが、名だたる図書館長を前にスピーチした1時間は、私の仕事人生の中で一番緊張したひとときでもあった。

　スピーチは30分であったが、実はそのあとのQ&Aがもっと大変だった。参加者から矢継ぎ早に日本のさまざまな事情について質問を浴びせられたのである。彼らは私が当然知っているものと思って質問してきたのだが、こちらは緊張以前に、自国のことをまともに伝えられない自分に狼狽した苦い経験がある。

　何故かつての失敗談を持ち出したかというと、外国人と話をするのに、我々日本人は相手の国のことは入念に時間をかけて予習するくせに、自国のことになるとあまり注意を払わないのではないかと思ったからである。彼らは自国のことを我々が仮に知らなくても何も不思議とは思わない。むしろ知らなくて当然だし何でも教えてあげますよ、といったスタン

スといえる。しかし、「日本は原発を再稼動したそうですがどう思いますか？」と意見を求められて、「え！ そうなんですか？ 心配ですね」では、質問した方はこちらの回答に失望してあとの会話も続かなくなってしまうことだろう。

　海外でその国の人と話をするのに、まず準備すべきは自分の国、つまり日本のことを外国の人にしっかり説明できることである。アメリカ人が日本人と話すのにアメリカ国内の事情について深い意見を求めているわけではないだろう。なのに我々はつい先方の状況を掴んでおこうと必死になってしまう。考えてみれば当然のことなのだが、皆で早くこの簡単なトリックから抜け出したほうがよいのではないか。

　元サッカー選手の中田英寿さんは、日本を旅して日本の伝統芸能を勉強して回ったと聞く。伝統的な日本酒の作り方から伊万里焼の解説まで、中田さんは長い海外での選手生活を通じて、海外の著名人とコミュニケーションを取るために一番大切なことは日本の文化をしっかり伝えられるかどうかである、ということをいち早く悟ったのだろう。

　以前オーストラリア大使館のイベントでお会いした時も、次は日本酒の本を海外へ紹介したい、と話していた。彼は本能的に外国人が何を求めていて、それに対して自分が何をすることができるのかを知っている人なのだと思った。

　「リベラル・アーツ」という言葉はご存知だろう。日本語の「一般教養」とはニュアンスが異なるが、昔からアメリカ

の裕福な家庭の子女が通う、隠れた名門校のことを「リベラル・アーツ・カレッジ」と呼ぶ。少人数制の4年制大学で、主にアメリカ東部に集中している。アムハースト・カレッジ（Amherst College）、ミドルベリー・カレッジ（Middlebury College）、オバーリン・カレッジ（Oberlin College）などである。そのほかにもセブン・シスターズと呼ばれるリベラル・アーツの女子大学グループもある。

　いずれの大学にも共通して言えることは、都会の雑踏から離れた場所にキャンパスがあり、基本的に全寮制で20人以下の少人数教育を特徴としている点であろうか。人文社会や

スミス・カレッジ

自然科学といった分け方はせず、入学時の学部指定も行わない。4年間を通して、人間形成に必要とされる「教養学」を身につけることを目的として日々の授業が行われている。

　リベラル・アーツ・カレッジのひとつ、スミス・カレッジ（Smith College）を訪れたときのことを少しお話しよう。マサチューセッツ州ノーサンプトンの郊外に位置する敷地は、周囲を森に囲まれて、白い時計台をシンボルに、きれいに刈り入れされたなだらかな傾斜の芝生が一面に広がり、眼下に小川が流れる小道を女子大学の学生たちが楽しそうにゆっくりと歩いていく。まさに時の流れを忘れるかのような美しい景観であった。

　Neilson Libraryと呼ばれる中央図書館は、建物自体は決して大きなものではないが、中に入ると落ち着いた雰囲気の空間が広がり、大勢の人で混雑している環境とは無縁。アメリカ特有の他を圧倒するような豪華さはないが、その代わり、どこまでも居心地のよい、精神的にリラックスして勉強に打ち込める環境が用意されている。これこそが「リベラル・アーツ・カレッジ」の真髄なのだろうと感じた次第である。

　こうした環境の中で、学生たちは、人間形成に必要とされる「教養学」、それは自国の歴史であったり文化であったり、社会に出てからのコミュニケーションに役立つ教養を身につけていく。基本的に大学院は持たないので、教授も学生の授

業を直接受け持つ。その中から自分の専攻分野を決めていく。高い確率で卒業後に大学院へ進む。

　日本の大学では、「国際」と名の付く学部や学科が当たり前の時代となっている。逆に「国際」の言葉を入れないと、どこか箔がつかないような印象すらあるかもしれない。

　「国際人」とは何か？　を考えたとき、英語を覚え、外国人と対等に会話ができることも必要だが、まずその前に、自分のこと、日本のことをしっかり身につけ、説明できるようにしておくこと。それこそが、世界へ出て行く国際人としての心構えではないだろうか？

スミス・カレッジ内の小川

少しでも日本のことを知っている外国人は、みな京都が大好きであろう。日本人にとっても京都は誇らしい町だ。その美しい街を紹介するときに、自分で体験した自転車で回る京都の楽しみ方を話したなら、きっと外国人は身を乗り出してあなたの話を聞きたがることだろう。そしてここから真のコミュニケーションが始まると思うのだ。私のイェール大学でのスピーチにはこの点が欠けていた。今になるとそのことがよくわかる。自国の体験を自分の言葉で語ることの大切さに遅まきながら気がついたのだ。若いあなたの国際人としての第一歩もここから始まるものと信じている。

アメリカ人とうまくやっていく
コツはあるだろうか？

　私はアメリカとオーストラリアに合わせて13年間住んできたが、人種差別的なことで嫌な思いをした経験がない。白豪主義とか、マイノリティーゆえの差別といったことを、幸いなことに感じたことがない。もちろん自身の知らないところで陰口を叩かれたりしただろうし、シンガポールでは会議の途中で急にスタッフが英語から中国語に切り替えて喋りだすので、「ハハーン、また上司の悪口でも言っているな」と思ったことはあるが、個人的に（差別的な理由で）不快な思いを味わったことはないのである。日本国内にいる方が余程そういった目にあってきたように感じる。

　外国に身を置いて、よそ者としての洗礼を受けたことは数多くある。私がアメリカでセールス・オフィスを立ち上げるためサンフランシスコへ赴任したのが2001年3月10日。アメリカでは毎年3月末にアジア学会の年に一度の大きな大会があると聞いて、着任早々私も意気揚々と会場のあるシカゴまで出かけていった。ひとり日本の電子出版社の方が興味があるというので一緒にテーブル1つ＆イス2つ用意して右も左もわからないまま参加した。

結果は3日間いて総スカンであった。誰も立ち寄ってくれないし、ようやく人が立ち止まってくれたと思ったら、どこからともなくよそのブースから別なセールスマンがさっと寄ってきて、いとも簡単に我々の顧客を奪い取って行ってしまう。まったくもって大惨敗である。二人してガランとした誰も来ないテーブルの前で、朝から晩まで悔しい思いをしたことを今でも鮮明に覚えている。

　しかし、それは相手のアメリカ人が悪いのではなく、状況を理解せず、十分な事前調査と対策を行わずに臨んだこちらが悪いだけである。実はアメリカは、世界で一番早く取引が成立する国だと私は思っている。よいサービスだと思ったら

シカゴ大学の入口

それがお互いビジネス開始の時だと考えている。これが同じ白人社会でもオーストラリアだとそうはいかない。保守的（Conservative）というか、イギリス的というか、アカウントが開くまでに相当時間がかかる。慎重と言えるかもしれないし、これまでの取引を尊重する義理堅い面を持つといういい方もできるかもしれない。

というわけで、この重要な学会ではこちらの準備不足ゆえに、営業成果は全くなかったのだが、ひとつだけ収穫といえることがあった。

それはあまりに暇なので周りで商談しているビジネスマンたちをじっくり観察してわかったことなのだが、アメリカ人はアメリカ人と、日本人は日本人と同じ人種どうしで群れをなして集まっているということであった。一見当たり前の光景に見えようが、私はじっと観察していて、自分は決してそうならないように心掛けよう、自分は日本人のグループではなくアメリカ人のグループへ入るようにしようと心に誓ったのである。なぜなら、ここはアメリカなのだから。

一般にアメリカの大学へ留学できたとして、最初はどうしても慣れないこともあって、キャンパスで日本人を見つけるとすぐにお互い友達になってしまうことはあるだろう。それ自体は悪いことではないし、同郷の好で助け合うのはよいことだと思うが、いつの間にか、その関係がいつまでも続き、

気がつくと日本人サークルに入っていて、いつも同じ日本人留学生でかたまっている状況に陥ったりしていないだろうか？

　カナダのバンクーバーにあるブリティッシュ・コロンビア大学（University of British Columbia）は、別名アジア大学と揶揄されているくらいアジア人が多い。英語圏だし比較的安全なので日本人留学生も多い。現地で留学生の面倒を見てきた大学関係者がいうのがまさにこの状態であった。これではなんのための留学かとなってしまう。私がシカゴの会場で目にしたのも、立場は違えど似たような状況であった。

シドニー大学

ある大学で日本関係のミーティングが開かれたとしよう。そこに集まった人たちの中に、ひとりでもアメリカ人（厳密にいうと日本人以外の人）が含まれていれば必ず公用語である英語でミーティングを進める。ここはアメリカであるから当然の慣習であり、エチケットである。

　ところが、パーティなど見ていると、わかっているつもりでも、いつの間にか日本人は日本人同士でかたまり、それに嫌気がさしているアメリカ人は彼らのグループでさっさと集まって、まったく違う話題を話し合うことになる。これが我々日本人の大きな問題なのだ。

福澤諭吉先生は何を思う

というわけで、翌日から日本人ではなく、まずアメリカ人へアプローチすることにした。どんなに下手な英語で、シンガポールで覚えたシングリッシュとけなされようと、お構いなしにアメリカ人の中へ突入していくように心掛けたのだ。

そうすると、実はアメリカ人は予想していたよりも、（ビジネスの世界でも）入口のガードが固くないことが徐々にわかってきた。同時に世界一簡単にビジネスが開始できて、世界一簡単に他社に乗り換えられる危険が潜在することもわかってきた。そこがアメリカのビジネスの面白さかもしれないと思った。

米国議会図書館

アメリカ東海岸のワシントンD.C.にある米国議会図書館に、ある商談で1年間毎月西海岸のサンフランシスコから出張していた時期がある。飛行機で片道6時間かかる。相手はアメリカ人の女性ボスであった。最初は相当煙たがられていたと思うが、例によってこちらは鈍感なのでそれを意に介さない。回りもみんなアメリカ人で日本人は私ひとり。この女性ボスは最後まで私のことを気に入ってくれたとは思わないが、最初のところでよい提案だと思えば1年間しっかり付き合ってくれる。幸い最後には無事商談成立と相成った。このことはアメリカの一面を物語っているように思う。

「郷に入れば郷に従え」「アメリカに来たらアメリカ人と話せ」「安易に日本人のグループへ流れてはいけない」そのことを最初の苦い経験から学んだ。

サンフランシスコには都合5年滞在した。2006年最後の年、3月末のアジア学会がサンフランシスコで開かれた。私を取り巻くブースは合計8ブースまで拡大していた。総勢20名近くの仲間が集まってくれた。地元で有名な武道具屋の店主も日本刀を持って駆けつけてくれた。日本茶のセレモニーではアメリカ人の常連客がたくさん集まり皆楽しんで帰っていった。5年前に1台のテーブルで一緒に参加した出版社の営業マンはその後、別な部署に異動して参加がかなわなかった。もし彼がこの光景をみてくれたなら、一緒

に喜んでくれたのではないか、とひとり会場の片隅で思い返していた。

海外で日本研究学科の学生が
金の卵である理由

　日本企業の海外進出が当たり前の時代で、どこの企業も出向社員の労働ビザ問題では頭を悩ましているのではないだろうか？　北米や欧州では年々外国人に対するビザの認可が厳しくなっていると聞く。また比較的ビザの取り易いアジアでも、実情は出向社員1名に対して現地採用社員が数百人という労働環境も珍しくない。

　会社のビジネスが拡大していくに比例して管理職も必要になっていくのであるが、出向社員の人数には限界があるので、どの企業でも現地採用のマネージャーに出向社員の代わりを務めてもらおうと考える。ところがお国柄や環境の問題、就職に対する考え方の違いなど、様々な要因により、現地採用の幹部候補生は定着率が悪いのが実情だろう。

　私自身、最初の海外勤務地シンガポールで、現地幹部候補社員を何度も採用してはうまくいかなかった経験がある。現地社員は一生同じ会社にいることを良しとしない。

　例えば、中国系の社員は最終的に自分でビジネスを興すことをキャリアの目標としている。この傾向は特に男子社員に根強い。仮によい社員を採用できて根気よく教育しても、数年後にあっさり次の会社へ移ってしまうのは日常茶飯事である。そしてまた一から採用して教育、の繰り返しとなる。海

外で事務所を立ち上げることは出来ても継続させることがどれほど大変かを思い知らされた。

　オーストラリアでは働く人の意識の問題もある。少々乱暴な言い方をすると、彼らは週末（weekend）の休みのために平日（weekday）に働く。クリスマスなどの長い休みの前には特別ボーナス（vacation allowance）が支給されるお国柄である。スタッフの表情は明るい。なぜなら彼らは週末の楽しみのために平日一所懸命働き、殆ど残業はせず、休みもたっぷり取って、週末の自分の時間を満喫する。素晴らしいことではないか？　それが常識となっているオーストラリアとい

中国人学生の多い名門香港大学

う国を私は真底うらやましいと思う。

　かつて、シドニーからサンフランシスコへ渡って、新しい事務所を設立した2001年、さあこれから仕事で外へ出ようとした矢先に9.11のテロが起きた。そのあと半年ほどまったく営業活動が出来なかった時期があった。アシスタントが横で暇そうにしている。私はデスクで頭を抱えていた。その時、元東京銀行の支店長がドアを開けて入ってきて、私の顔を見るなり、「この晴れたカリフォルニアの空の下で、どうしてそんな暗い顔をしているの？」と笑い飛ばされたのを今でもよく覚えている。思えば、カリフォルニアもシドニーも同じくらい澄み切った爽やかな青空だ。誰一人仕事で暗い表情をしている人などいない。そうしたお国柄、土地柄なのである。

　話が逸れてしまったが、アメリカでは、一般的な労働許可証（work permit）とされるH1ビザの認可が年々厳しくなっている。欧州はさらに厳しい。私の友人はフランスで日本語教師のボランティアを行うためにビザを申請したが却下され、代わりに学生ビザで入国しようとしたが、それも1年以上待たされた。各国の経済が思わしくなくなると、外国人に発行する労働許可の締め付けがすぐさま厳しくなるというわけである。

一方で、目を大学へ移すと、アメリカの大学生は、卒業と同時に働き出すのは稀で、卒業後に企業でインターンを経験したり、この機にまとめて旅行したり、日本のように新卒一括採用制度がないので皆バラバラである。

　知り合いの息子さんは、MITで電気工学を勉強し、大学院へ行くかと思ったら、自由気ままに２年ほどモラトリアム期間をエンジョイして、今はアップルでガッポリ稼いでいる。またアメリカでは大学での専攻とまったく異なる職につくことは、まずありえない。この点も日本と状況が異なる。彼らは、急がず時間をかけて、じっくり自分にあった会社を探している。もしくは最初の会社を足場に、そのあとどうやって自分のやりたい仕事（キャリア）を継続させていこうかを考えているように思える。

　日系企業は現地の幹部候補生が喉から手が出るほど欲しい。大学生は、自分の専攻した分野をいかした仕事につけるようじっくり探している。アメリカの大学には日本の就職課のような専門の部署はないので、学生は一人ひとり自分であてを探している。

　こうした状況下で、日本研究専攻の学生と日本企業のマッチングが成立すれば、これはお互いにとってWinWinの関係となるだろう。大学にとっても優秀な学生が日本の一流企業に就職するわけで、大学の評判（reputation）向上に一役買

第1章　世界の大学 Q&A

うことになりはしまいか。

　毎年8月末の新学期になると学生が一斉にキャンパスに戻ってくる。と同時に新しいセメスターの教科書販売が行われる。今年はちょうどその時期にシンガポールに出張していた。シンガポール大学のエリート学生が目の前で難しい日本語の教科書を買って通り過ぎていく。その場を見ていて、彼らがみな日本の企業へ就職してくれたら、どんなに心強いだろうかと想像する。

　新卒で入って、大変な時期を乗り越えて定着してくれた社員は紛れもない幹部社員と呼べるだろう。数は少なくとも、そこを乗り越えた社員とは一生の付き合いができるようにな

シンガポール大学でテキスト販売を準備するスタッフ

る。私にもシンガポールにそうした社員が何人かいる。そう思うと、今、目の前にいる学生の顔がみんな金の卵のように思えてくる。今は新学期なのでテキスト販売の会場だが、時期を変えて、学生と日系企業の面接会場に置き換えたなら、それは面白いビジネスになるのではないだろうか？ もしかしてアメリカで就活そのものがビジネスになる時代がやってくるかもしれない？

世界の大学ランキングは本当にあてになるのか？

　昔から有名な指標は、アメリカの*U.S. News & World Report*が毎年、年明けに発表する大学ランキングであろう（National Universities Rankings）。アメリカ人は日本人と同じでこの手のランキングが大好きである。一覧表は

National Universities Rankings by U.S.News & World Report 2016

順位	大学名	学部学生数
1	Princeton University	5,391
2	Harvard University	6,694
3	Yale University	5,477
4	Columbia University	6,170
4	Stanford University	7,019
4	University of Chicago	5,681
7	Massachusetts Institute of Technology (MIT)	4,512
8	Duke University	6,626
9	University of Pennsylvania	9,746
10	California Institute of Technology	983
10	Johns Hopkins University	6,469
12	Dartmouth College	4,289
12	Northwestern University	8,405
14	Brown University	6,548
15	Cornell University	14,453
15	Vanderbilt University	6,851
15	Washington University in St.Louis	7,401
18	Rice University	3,926
18	University of Notre Dame	8,448
20	University of California,Berkeley	27,126
21	Emory University	7,829
21	Georgetown University	7,595
23	Carnegie Mellon University	6,309
23	University of California,Los Angeles	29,633
23	University of Southern California	18,740

UniversityとCollegeのカテゴリーに分かれており、以前のUniversity欄にはアメリカ以外の大学も含まれていたが、最近はGlobal Universityとして別枠で評価している。

　もうひとつの代表格は、イギリス*Times*が毎年発表するWorld University Rankingである。

　こちらは最初から世界全域を対象とした大学ランキングで、昔から*U.S.News*版に比べて欧州やアジアなどアメリカ以外の大学が比較的上位にランクされてきた傾向がある。

　例えば、*Times*版2015-16ではオックスフォード大学が2位、ケンブリッジ大学が4位、ロンドン大学23位、エディンバラ大学が24位など。かつての*U.S.News*版では各々厳しいランキングであったが、上述の通り、Global Universityを発表するようになってからは、*U.S.News* Global Universityが*Times*ランキングにかなり近づいてきた印象である。（といってもそこはアメリカとイギリスの雑誌なので、各々自国の大学を高めにランキングする傾向は否めないだろう）

　もうひとつ面白いのは、同じ*U.S.News*でもUniversity版とGlobal University版で、アメリカ国内の大学ランキングに違いが出ている点であろうか。一般にUniversity版では私立が優位。Global版では州立大学の評価が高く設定されている。理由はわからないが、評価の仕方が微妙に異なるのかもしれない。

　一般にアメリカ人は海外の大学にはまったく関心を示さな

いので、昔から彼らは*U.S.News*のUniversity版のみで判断している。毎年プリンストン大学とハーバード大学のどちらが1位になったかがニュースになるお国柄である。

雑誌は大学ランキング以外にも色々と基本的な数値が

World University Rankings 2015-2016
by *Times Higher Education*

順位	大学名
1	California Institute of Technology
2	University of Oxford
3	Stanford University
4	University of Cambridge
5	Massachusetts Institute of Technology
6	Harvard University
7	Princeton University
8	Imperial College London
9	Swiss Federal Institute of Technology
10	University of Chicago
11	Johns Hopkins University
12	Yale University
13	University of California, Berkeley
14	University College London
15	Columbia University
16	University of California, Los Angeles
17	University of Pennsylvania
18	Cornell University
19	University of Toronto
20	Duke University
21	University of Michigan
22	Carnegie Mellon University
23	London School of Economics and Political Scienece
24	University of Edinburgh
25	Northwestern University

Best Global Universities Rankings 2016
by *US News & World Report*

順位	大学名
1	Harvard University
2	Massachusetts Institute of Technology
3	University of California, Berkeley
4	Stanford University
5	University of Oxford
6	University of Cambridge
7	Califrornia Institute of Technology
8	University of California, Los Angeles
9	Columbia University
10	University of Chicago
11	University of Washington
12	Johns Hopkins University
13	Princeton University
14	University of Pennsylvania
14	Yale University
16	University of Toronto
17	University of Michigan
18	Imperial College London
19	University of California, San Diego
20	Duke University
21	Cornell University
22	University College London
23	University of California, San Francisco
24	University of California, Santa Barbara
25	Northwestern University

載っているので参考になる。SATの最低必要点数（SAT Percentile）や、教員と学生の割合（student/faculty ratio）、合格率（acceptance rate）等々、毎年大きく変わるものではないが、大学間で比較してみると面白い。例えば、学生と教員の割合は、平均して私立が5/1、公立が15/1、合格率は私立のトップ校で約10%、公立のトップ校で25～30%といった具合。

こうした雑誌公表の数値以外にも、各大学の入学案内には色々と具体的な数値が載っているので読んでみるとこちらも面白い。アメリカは何事においても数字で表すのが好きなのだろう。

下記はイェール大学のキャンパス案内に載っている数字。

96% graduate within five years
88% live on campus
58% have jobs on campus
13% earn double majors
39% minority students

イェール大学は、言わずと知れた超名門校で常にハーバード大学やプリンストン大学とトップの座を競っている大学で

あるが、同じトップ校であってもハーバード大学とはけっこう大学のキャラクターが異なるように思う。ハーバード大学はよい意味でも悪い意味でも常にNo.1に君臨することを義務付けられているプライドの高さを感じるが、イェール大学には不思議とそれが感じられない。ハーバード大学は教える側も学ぶ側も皆が世界のトップ大学にいるという自意識を持っているように思われるが、イェール大学の教授は同じエリートでももう少しゆったりしていて柔軟な感じがする。学生の表情もピリピリした印象は皆無で、「根っからお育ちのよいアイビーリーガー」といった風情なのである。余談だが、イェール大学の正門近くにはアイビールックのJ-PRESS本店がある。

　イェール大学とハーバード大学の違いは学内の飲食にも表れている。Faculty Clubという教職員専用のレストランがある。ハーバード大学のそれは掛け値なしに素晴らしい。ハーバード大学の提供するビュッフェはたぶん宇宙一だろう。そのくらい豪華絢爛で、おまけに横でノーベル賞を取った著名な教授たちが冗談を言い合いながら食事を楽しんでいたりする。私がいた時は、どこかアラブ系の王様か王族とおぼしき恰幅のよい老紳士が、おつきの者に団扇で仰がせながら優雅にランチを取っていた。

　一方のYale Faculty Clubはというと、こじんまりとした小

さなレストランで、知らないと通り過ぎてしまうような地味な建物であった。室内も落ち着いた木目の家具でまとめられていて、テーブルや椅子のところどころにちょっとしたキズがあったりして、それがまた歴史を感じさせる風合いとなっている。秘密クラブが多いとされるイェール大学らしい出で立ちであろうか。

　ハーバード大学とイェール大学はスポーツ競技を含め永遠のライバル校であろうが、中身を見ていくと、ひとつひとつ大きく違うので比べるだけでも面白い。ひとつ残念なのはどちらのFaculty Clubもメンバーしか利用できない点で、ふらっと立ち寄ったビジター (visitor)にも是非開放してほしいものである。ちなみにプリンストン大学のFaculty Clubは部外者でも利用できる。

　さて、世界の大学ランキングの話が出たついでに、私個人が選んだ大学ランキングをいくつかご紹介したい。あくまで過去に訪問した海外の大学約100校（北米55、欧州20、豪州15、アジア10）の中から選んだものなので、今後さらに見聞を広めて将来アップデイトしていければと思っている。ここに挙げた各大学の様子に関しては、第3章「世界の大学案内」の中でも詳しく紹介している。

1. 美しいキャンパスを持つ海外の大学

　仕事で一緒にアメリカの大学を数多く回った日本の出版社の人に、どこのキャンパスが一番印象に残っていますか？と尋ねたことがある。その営業マンの答えは、UCバークリー校であったが、その理由は、彼自身が一番最初に訪れたアメリカの大学だったから、とにかくキャンパスの広さと美しさに圧倒されたというものであった。

　確かにバークリー校の時計台周辺の雰囲気はしっとりと落ち着いた色合いで美しい。私も好きな景色のひとつである。アメリカの大学の中では決して広いキャンパスとは言えないと思うが、バークレー校の海を見下ろす緩やかな傾斜に用意されたそのキャンパスは、昔から自由の精神に充ち溢れている。私も何度このキャンパスを訪れたことだろう。

　カリフォルニア大学は全部で10キャンパスあるが、州を代表する大学だけあって、各キャンパスはその地域の中で一番よい場所が宛がわれている。UCLAは、ビバリーヒルズの隣、サンタ・バーバラ校は美しい岬の先端、といった具合だ。

　さて、バークリー校以外にもアメリカ、そして世界中には美しいキャンパスが沢山あるが、私が訪問した個人的経験からお薦めしたいキャンパスを挙げると以下のようになる。

第1章 世界の大学 Q&A

バークリー時計台

★ プリンストン大学（Princeton University）と デューク大学（Duke University）

　どちらの大学も白地の石をあしらった建物が美しく、落ち着いた雰囲気と相まってキャンパス全体の統一感が素晴らしい。デューク大学はノース・キャロライナ州に位置していて少し離れているため、意外と知られておらず穴場かもしれないが訪問する価値あり。

プリンストン大学

★2 ケンブリッジ大学（University of Cambridge）と アデレード大学（University of Adelaide）

どちらも美しいキャンパス・バックヤードを持っている。ケンブリッジ大学のバックヤードは世界的にも有名だが、アデレード大学の裏手も隠れた名所。きれいな小川が流れていて、訪れるたびにこちらの心が洗われ清清しい気持ちになる。

ケンブリッジ大学

アデレード大学の裏手も隠れた名所

★3 スミス・カレッジ（Smith College）と インディアナ大学（Indiana University）

 スミス・カレッジは東海岸のニュー・イングランド地方。インディアナ大学はインディアナ州のブルーミントン（Bloomington）にある。どちらもキャンパスの緑が大変美しい。インディアナ大学は、キャンパス・カラーのエンジ色とキャンパスの花々がきれいに調和している。春もよいが、個人的には紅葉の時期に訪れることをお薦めしたい。

 今回選ばなかったが、シアトルにあるワシントン大学（University of Washington）の桜も有名だ。

スミス・カレッジの中庭

★4 サラマンカ大学（University of Salamanca）と
イェール大学（Yale University）

　どちらも中央図書館がシンボルとなっている。サラマンカ大学はスペイン最古の大学で、ヨーロッパでも4番目に古い（創設は13世紀に遡るとされる）。一方のイェール大学図書館は、荘厳な作りで、分厚い木目のドアを開いて中へ入る。どちらも図書館正面が有名な場所となっている。イェール大学には、バイナキ図書館という古書専門のユニークな図書館もある（Beinecke Rare Book and Manuscript Library）。

イェール大学図書館

サラマンカ大学図書館の入口

⭐5 シドニー大学（University of Sydney）と
南カリフォルニア大学（University of Southern California）

　ジャカランダ（Jacaranda）という木をご存知だろうか？元々は中南米産らしいが、青紫のきれいな花を咲かせる木で、南カリフォルニアやオーストラリアの南部、欧州だとポルトガル地方など、世界でもごく一部のエリアしか、この美しい花を目にすることは出来ない。私のお薦めは、シドニー大学と南カリフォルニア大学（USC）。南カリフォルニア地方ではポピュラーな花で、UCLAキャンパスでも見ることができるが、USCのジャカランダは格別の風情と言える。

シドニー大学

南カリフォルニア大学に咲くジャカランダ

第1章　世界の大学Q&A

2. 学食が美味しい海外の大学

　昔、マレーシアを代表するマラヤ大学を訪問した際、昼時に学食に寄って驚いた経験がある。学生がみんな、手を上手に使ってランチプレートから食べ物を口に入れている光景を初めて見たのである。学生は食事を終えると出口付近にある水道で簡単に手を洗ってさっさと出ていく。あとで聞いたのだが、手でこねて食べる方が箸を使うより美味しくなるそうである。

　その真偽はさておき、私は仕事で大学を訪れると、時間があれば必ず学食に寄るようにしている。学生の気楽さが好きだし、その大学の雰囲気が良くわかる。先生と一緒の時も、できるだけ学食を希望する。笑い話だが、昔シンガポール大学（National University of Singapore）で日本語教師と一緒に屋外の学食でランチを取った時のこと。席を確保しランチプレートを選んで最後に飲み物を買って戻ってきたら、テーブルの上でハトが我々のランチをつまんでいたのである。

　そういった訳で、アジアの気楽な学食が私のお気に入りだったのだが、その真逆に豪華なランチであれば、アメリカのアイビーリーグの8大学がダントツだろう。施設の充実度とバラエティの豊富さは他の追随を許さない。寿司など日本食が用意されているのも当たり前、選んでいるだけでも楽しくなってくるのである。

★1 ペンシルバニア大学（University of Pennsylvania）

　学生会館の中にあるきれいな学食。メニューはスープ類から洋食、お寿司、デザートまで、各国のメニューが揃う。上品な街のカフェといった雰囲気で、アイビーリーグの代表的なカフェと言えるだろう。

ペンシルバニア大学の中庭　　　ペンシルバニア大学を彩る緑色の建物

★2 メルボルン大学（University of Melbourne）

　実はキャンパスではなく一歩外へ出るのだが、ライゴン通り（Lygon Street）というメルボルンの有名なイタリア人街が大学のすぐ隣にある。約1km近く続く通りの両側にイタリアンレストランがぎっしり並んでいる。どこへ入ろうか迷ってしまうだろうが、地元の人に教えてもらって店を選べば間違いなく絶品の魚介類とパスタを堪能することができるだろう。オーストラリアでは、ラ・トローブ大学（La Trobe University）学食のアジア料理もお薦め。

3. 大学グッズ世界No.1は？

　私は大学を訪れる際に必ず立ち寄る建物がもうひとつある。それは学生会館（Student Union）である。建物の中にUniversity Bookshopがあり、仕事柄、毎回立ち寄っていたのだが、学生気質や大学の雰囲気もわかるし、大学新聞が置いてあるなど色々と情報が得られる便利な場所なのである。

　University Bookshopでバイヤーと商談を済ませたあと、当然ながら店内も観察する。University Bookshopはキャンパス内にある場合もあれば、キャンパス通りを隔てた大学の外側に位置する場合もある。いずれにしても大学を表す顔（identity）のひとつであることは間違いない。そしてどこのUniversity Bookshopも本と並んで大学グッズのコーナーを設けているのが常識となっている。

　20年間の海外生活の間に訪れた大学の中から、独断と偏見で大学グッズの世界No.1を決めるとしたらどこの大学を推すだろうか。

★ デューク大学（Duke University）

　バスケットボールの好きな人なら、ブルーデビルの愛称で有名なデューク大学は良くご存知のことだろう。鮮やかなブルー色に染まった数々の応援グッズ。Tシャツや帽子など人気アイテムは常に10種類以上のデザインが用意されている。私の知る限り、デューク大学の商品ラインアップは群を抜いている。世界ナンバーワンの充実度と言える。

オックスフォード大学のポロシャツ

カンサス大学のバスケットボールTシャツ

イェール大学のTシャツ

デューク大学のナイキTシャツ

イェール大学のショートパンツ

UCサンタバーバラ校のトレーナー

★2 ケンブリッジ大学（Cambridge University）

　欧州ではオックスフォード大学とケンブリッジ大学の商品量がダントツで、観光客相手の商品も多い。オリジナル・ネクタイから University Ring まで高級感のある品々が揃う。私は判官びいきなところがあるので、Harvard よりも Yale、Oxford よりも Cambridge を応援してしまう。大学グッズも同じである。ケンブリッジ大学には 31 のカレッジが存在するが、各々のエンブレムをあしらった商品ラインアップで、一同に集められたあれこれを見ているだけで楽しくなる。

★3 イェール大学（Yale University）

　Yale University Bookstore はアメリカの巨大ブックチェーン Barnes & Noble Bookstores が運営しているので規模が大きく、また店の半分が大学グッズという構成。スクールカラーの紺色をあしらった商品は高級感があり思わず手に取ってしまう。Barnes & Noble Bookstore が大学公認書店であるが、大学周辺には昔ながらの独立店も頑張っているので、覗いてみれば思わぬ掘り出し物が見つかる可能性もある。

第1章　世界の大学 Q&A

イェール大学の腕時計

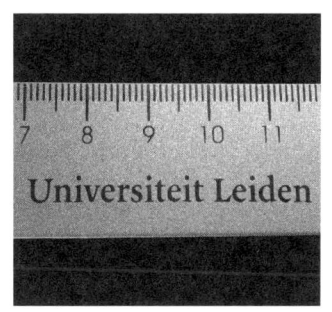

ライデン大学の定規

シカゴ大学のコップ

ハーバード大学のマウスパット

ルンド大学のネクタイ

イェール大学のトートバッグ

世界の大学には挑戦する価値があるか？

　仮にあなたが今、高校3年生だったとしよう。目の前にアメリカの名門大学と日本のトップ大学、両方から合格通知が届いたとしたら、現実問題としてあなたはどちらの道を選ぶだろうか？　もちろん実際には日米で合格判定の時期に違いがあるので、同時に選ぶケースは極めて稀だろうけれど、一度真剣に考えてみてはどうだろう？

　我家もそれに似た事例で大いに悩んだ時期がある。この本を書き始めたのも、実はそうした過去の苦い経験が記憶の奥底にあったので将来同じような悩みを持つ人たちに何か役に立つ情報（単なる失敗談と言えばそれまでだが）をお伝えできればという思いがあった。

　私の家族は、妻と私、子供は男子2人、それに犬のラブラドール・レトリバー1匹という家族構成で、シンガポール、オーストラリア、それにアメリカと通算15年以上のんびりとした海外生活を続けていた。しかしアメリカ国籍や永住権を持たない身分として、また民間企業に勤めるサラリーマンとして、いつかは日本へ帰る身であることもわかっていたので、長男が高校を卒業するタイミングで日本へ本帰国することを家族には事前に伝えていた。

　ある日、高校3年生になった長男は周囲がそうするのと同

じように、SATの成績を元にカリフォルニア大学へ一斉に願書を提出した。一種の記念受験というやつである。ところが、最難関のバークリー校には受からなかったものの、上位校からすんなり合格通知が届いた。中には特待生として受け入れるというキャンパスもあった。特に本人が気に入っていたUCLA経済学部から入学許可をもらった時は本人も飛び上がって喜んだ。

　一方、本人の喜びとは裏腹に頭を抱えたのが親の方である。日本に本帰国する時期も決まり、あとは残りのアメリカ生活を悔いのないように堪能しようと思っていた矢先にこの通知である。学校の友達は絶対にこちらに残るべきだ、と長男をけしかけ、本人もだんだんその気になってきていた。こちらには長男をアメリカの大学へ行かせる資金的余裕など持ち合わせていなかったものだから、慌てて内外の奨学金制度を片っ端から調べ始めることになった。

　別なコラムでも述べたことだが、州立大学の場合、州の住民で無くなると一気に授業料が跳ね上がる。まして親が日本へ帰ったあとの子供は留学生扱いとなり、年間US3.5万ドル+寮の生活費で、最低でも年間5万ドル以上掛かる（約600万円）。簡単に払える額ではない。さりとて、奨学金も学部の留学生には殆ど可能性がゼロに近く、当てにできないこともわかってきた。さてどうしよう？　悪知恵の働く友人の中には、誰か現地のガールフレンドと偽装結婚して授業料を安

く上げればよい、と真顔で提案するやからも出たほどだった。

　お金のことも避けて通れない課題だったが、親を一番悩ませたのは、長男がこのままずっとアメリカの生活を続けていってよいのか、という問題だった。幼少期から親の都合で海外暮らしを続けてきて、日本のことをまるで知らない。文化や経済や文学や美術など、日本国籍でありながら母国のことを知らずに大人になって本当によいのだろうか？　そのことを毎晩妻と話し合った。大げさな言い方だが「二つの祖国」の間で、どちらも中途半端になりはしまいか？

　シンガポール時代に知り合ったひとりの英語教師は、自分の子供をモデルに完全なバイリンガルへ育て上げようと試みた。その結果は、完璧なバイリンガルなど存在しない。どちらか第一言語のレベルに第二言語が追いつくに過ぎないと。つまり、日本語が中途半端な日本人は決して英語もうまくはならない。逆も同じことなのだと。

　それを聞いたとき、真の国際人に育てたければ、まず日本語の能力をしっかりマスターしなければダメだ、という思いに至った。

　かつて出張で訪れたニューヨークのホテルでの記憶。１階の静かなバーカウンターで、二人の若者がこちらに背を向けて親しげに話していた。聞こえてくるのが日本語だったので、珍しいなあと思っていたら、途中から急に二人が英語でしゃ

べり始めた。ある話題になった時にどちらかのスイッチが入ったのだろう。今度は流暢な英語で話が盛り上がる。本人たちにとってはごく自然なことなのだろうが、それを近くで聞いていた私は、思わずカッコいい、と頷いてしまった。そして彼らのバックグラウンドはどういったものだろうかと勝手に想像してみた。しかし待てよ、はたして彼らは完璧なバイリンガルなのだろうか？ 大都会ニューヨークで生き抜く中で、辛い思いも沢山経験して、お互い傷口を舐め合うように寄り添っているだけではないだろうか？ などなど。

　結局、我家の場合は、最終的に長男は日本の大学へ進学する道を選んだのだが、親として、あのとき子供にしてやれたアドバイスは、果たして正しかったかどうかと今でも時々悩むことがある。もちろんアメリカで生活したからといって国際人かというとそれは違うと思う。ニューヨークで目にした２人もきっと同様だろう。アメリカでなくとも海外のどこかの国で生活して行こうと腹を決めるその前に、本人の核になる日本人としての自覚を持っていて欲しいと親のこちらは思ってしまう。

　実際には、子供はそんな親の想いなど眼中にないのだろう。あるのは今いる友人たちといつまでも楽しく生活したいこと、ガールフレンドと仲良くしたいこと、少しでも誇れる名前の大学に入ってまわりに自慢したいこと、そう考えるのは

日本の学生もアメリカの学生も同じなのではないだろうか？大学難易度ランキングで、少しでも上位の大学に合格することを目的に日夜勉強に励む高校生たち、その中で日本の大学と海外の大学を同時に視野に入れて考えている学生がどれだけいるだろうか？

　本書は、そうした悩める高校生や大学生に読んでもらいたい入門書として、実際に自分の足で見て回った海外の大学の実情を、学生と同じ目線で紹介した企画である。私の想いが伝わったかどうかは別として、そろそろこの表題に対する私なりの答えを述べるところに来たようである。

　海外の大学には挑戦する価値はあるか？　その答えは、YESである。アメリカを始めとする海外の大学には、日本の大学では味わえない奥深さが確実に存在すると思う。特にその価値は学部レベルよりも大学院へ進んだ時に強く感じるものだと私は思っている。ゆえに、世界の大学の中でも、Research University（研究重視型大学）を選ぶべきだろう。アメリカでも City College や State University では物足りない。それならば日本の大学院へ進学されたほうが良いだろう。

　学部は日本の大学を卒業し、世界の Research University で自分の専門分野を勉強する。即ち大学院から外へ飛び出すのが私流のお勧めコースである。大学院ならば留学生でも奨学金が期待できる。日本の学部生活は手取り足取り、実は海

外の大学に比べてきめ細かい'おもてなし'が待っていたりする。学部（undergraduate）の授業は本人がやる気さえ持っていれば日米さして差はないのではないか、と大胆にも提言する。

　日本人に生まれて、日本の大学を卒業し、そのあと世界の一流大学で自分のやりたい勉強を極める。一度社会人になってから入り直してもよいし、そのままエスカレートで上がることもあるだろう。人生は長く、焦ることはない。

　私の長男はというと、日本の大学を卒業したあと、日系のメーカーに就職し、今はアメリカ地区駐在員としてキャリアをスタートさせた。自分的にはアメリカに戻ってきた、という感覚のようである。今は仕事が忙しいのとアメリカの友人と過ごす時間がなにより楽しいようで、MBA（Master of Business Administration：経営学修士）よりNBA（プロバスケットボール）の方がお気に入りである。但し将来いつの日かに備えて、大学院の入学資金は少しずつ貯めているらしい。親が貯金を持っていないことはすでに知っているのだろう。

第 2 章
ライブラリアンの見た世界の大学

Stanfordは乗馬クラブがお好き？

　アメリカには日本と同様、いろいろな大学があって、つまり、州立大学、私立大学、コミュニテイ・カレッジ、営利会社経営の大学など、ピンからキリまで、ものすごくバラエテイに富んでいる。

　スタンフォード大学と言えば、そんななかの私立の名門校である。学生数は16,000人ほどの中サイズの大学だ。サンフランシスコ湾の反対側にあるカリフォルニア大学バークレー校はスタンフォード大学のライバルだが、州立で、学生数は35,000人である。

　スタンフォード大学は、学生数の少なさにもめげず、フットボール、バスケットボール、野球を始め、いろいろなスポーツで常にバークレー校と競い合っている。有名なプロ選手も数多く輩出している。その理由のひとつは優秀な選手を迎え入れることのできる財力にある。

　鉄道経営で財をなしたスタンフォードさんが私財を投じて作った大学だ。アメリカにはそんな私立大学が多い。歯磨きのコルゲートはコルゲート大学を作ったし、コカコーラはエモリー大学、その他たくさんある。みんなお金持ちの子弟が学ぶ私立大学である。授業料は、毎年、ベンツの安いのを新車で買うくらいの額である。

第2章 ライブラリアンの見た世界の大学

[元カリフォルニア大学バークリー校図書館日本研究部長] 石松久幸

　州立大学にはそんなに裕福でない家庭の子女が集まる。だから、学ぶ環境はかなり異なる。それから、大学の経営方針も私立のスタンフォード大学は会社的、州立のバークレー校は役所的である。

　たとえば、スタンフォード大学は、ズバズバとスタッフのクビを切る。バークレー校は、組合が強くて簡単にそういうことはできない。辞めるのを待って、そのあと補充しない等々、面白い対比である。

スタンフォードの乗馬クラブ

スタンフォード大学にあって、バークレー校にはないものというと、もちろんいろいろあるのだが、学生用の乗馬施設とゴルフ場だ。

　で、スタンフォード大学の乗馬施設に行って来た。

　そのまえに一言。スタンフォード大学のキャンパスがあるシリコン・バレーというところは、全米でも最も土地の値段が高い場所である。そんな超一流の不動産価値のある場所に、広大なゴルフ場と乗馬のための施設を持っている。これはじつに驚くべきことだ。学生たちは授業の合間にチョコチョコとやってきて馬に乗れる。

　「スタンフォード学生乗馬センター」は、キャンパスの西側、フルコースのゴルフ場と隣り合った場所にある。ちなみにこのゴルフ場は、トム・ワトソンとかタイガー・ウッズなどが腕を磨き、全米学生チャンピオンになったコースだ。

　駐車場には高価なホース・トレーラーがびっしりと並び、その横にあるバーン（barn：厩舎）には飼い葉が堆く積まれている。

　「学生乗馬センター」の象徴はレッド・バーンと呼ばれる厩舎である。同大学の創設のころからある厩舎で、落ち着いていて実に風格がある。ここで写真史に残る「馬の駆け足の

分解写真」が撮影された。

　中に入ってゆくと、厩(うまや)なのに非常に良く掃除が行き届いていてゴミひとつ落ちていない。通路には5センチもの厚みがあるラバーマットが敷き詰められていて馬の脚を守っている。馬房の中もあたらしい削りかすが豊富に撒かれていて清潔そのものだ。なんだか病院の無菌病棟みたい。よくブラシをかけられた馬たちがその中にいる。これらの管理は数人いる専任の厩務員が行っている。学生がやるのではないのだ。

スタンフォード乗馬クラブのレッドバーン

馬具室を覗くと、スタンフォード大学のユニフォーム・カバーがかけられた鞍がきちんと並べられている。ざっと見たところ、イングリッシュ（ブリテイッシュ）の鞍ばかりのようで、ウエスタンの鞍はないようだ。洗い場もこの厩舎の中にあって、もちろんお湯が出る。

　厩舎はこの他にいくつかあって、どこも同じように清潔できちんとしている。

　こんなところに常時約50〜60頭の馬が住んでいる。馬場は4つ。そのうちのひとつはドレッサージュ（Dressage：馬場馬術）専用である。どの馬場も、フッティング（footing：足元）はこれ以上望みようがないと言えるほど素晴らしいもので、じつによく管理されている。

　ほかに調馬策などで地上トレーニングするための丸馬場、馬を歩かせて運動させる丸馬場もある（これ、日本語でなんというのでしょうか？ 大きな丸い囲いで、その中がいくつかに区切られている。そこに馬を入れると囲い全体が機械仕掛けで動き出す。それにつれて馬も歩く、というものです）。

　私は厩舎のアシスタント・マネジャーの女性としばらく立ち話をした。

　彼女は東部の出身で、10代の頃はウエスタン馬術をやっ

ていたのだけれど、20才になってこれから馬にかかわる職業に就きたいと思っていたら、父親から「ちゃんと食べてゆきたいならイングリッシュにしなさい」

と言われたそうで、それで鞍替えしたとのこと。

そうでしょうね、やっぱり。いくらウエスタンが庶民的で人気があるといっても、まずそれはアメリカ国内での話。競技会のスポンサーは馬具屋や飼料屋、せいぜいバドワイザー・ビールくらいだ。一方、イングリッシュは国際的だから、一流になれば馬を飛行機に乗せてヨーロッパへ行ったり、南米に出かけたりしなければなりません。競技会のスポンサーはローレックスとメルセデス・ベンツに決まっているのだ。お分かりですね？

彼女は、厩舎、馬の健康管理、トレーニング、インストラクションをも含めて、レッド・バーンの責任者である。ほかの厩舎にもそれぞれ専属の彼女のような役目の人がいて、同時にそれぞれ一流の馬術コーチでもある。

「あそこの厩舎はドレッサージュ、向こうのは障害飛越」

と、専門によって厩舎が分かれているそうだ。学生はそれぞれ自分のやりたいデシプリン（調教）に合わせて厩舎を選んでいる。

「で、あなたは馬をお持ち？」

彼女が訊いた。厩舎を訪れるとたいてい訊かれるこの質問。いわば私に対する品定めだ。

「ええ。シエラ・ネバダのフットヒルに小さな牧場を…」

「あら、すてきですね。でもなんでここに？」

「仕事関係で…ときどきスタンフォードに来るんです。来るたびに、ここに寄らせてもらっています。ここは本当に素晴らしい。なんだかウチの馬たちが可哀想」

「もしよろしかったら、むこうのメア・モーテルもご覧になっていらっしゃったら？」

「繁殖もやっているのですか？」

「いいえ、それは…」

「道路が混むので、それは次回にします」

私はトラックのキイを回してエンジンをかけてからちょっと思った。

スタンフォード大学の馬は、高級馬ばかりなのだろうな。無菌室みたいな馬房。脚を痛めない通路。メキシコ人の厩務員が毎日ブラシをかけ、馬房を掃除してくれたり、運動場でグルグルと機械に誘導されるままに歩いている。

第2章 ライブラリアンの見た世界の大学

そこいくと、私のバーンはゴミだらけ、馬たちは泥にまみれ、放牧場で雨に打たれ、風に吹かれ、寒さに震えながら、今年もまたなんとかこの冬を過ごしている。私はTimexの腕時計を見る。4時半。夕の飼い葉を放牧場に投げ与える時間だ。

アメリカ大西部と源氏物語

　今、アメリカの西部カリフォルニアの牧草地帯で、それほど遠くもないのに、

　「サン・フランシスコなんかもう何十年も行ったことない、行く気もしないよ」　という連中に囲まれた生活をしている。

　ここに移ってきて、はや一年。日本語はまだ耳にしていない。ひょっとすると日本人は私以外、住んでいないのかもしれない。

　そんな西部の町に居座って、私は今、日本文学に夢中になっている。いや、ハルキ・ムラカミじゃあありませんよ、もっと前のです。

　インターネットのおかげで、そして献身的にテキストの入力をしてくださっている方々の御尽力によって、こんな所に住んでいても、著作権の切れた日本文学の名作を自由に読むことが出来るようになった。

　で、どういうきっかけからだったか、もう忘れたが、林芙美子の『浮雲』を読んだ。

　戦後の混乱期を舞台に、まったくだらしのない男、そいつに恋してどうしても切れない女が登場する変な小説だったが、なんとも惹かれるものがあり、それで二葉亭四迷の同名作品『浮雲』を読むことにした。林芙美子は二葉亭の作品に

石松久幸

なんらかの影響を受けているのではないか、と気になったからだ。

けれど、二葉亭の作品には、林のそれと繋がるものは何もないようだ。二葉亭の『浮雲』の主人公は、こちらもどうしようもないウジウジ男で、これは日本ではじめての「引きこもり文学」じゃないかと思った。これが当時のベストセラーとは。

まったく日本文学に登場する男っていったい何故、こんなにもだらしのない、くだらない連中が多いのだろう？

けれど、主人公の男はともかく、私は二葉亭のみごとな心理描写と文章にはすっかり、感心してしまった。不思議と魅力的なのである。

それで次に樋口一葉を読むことにした。『にごりえ』『たけくらべ』そのほかの作品を読み漁った。そしてこの、20代のなかばで夭折した天才女性作家の凄さに圧倒されてしまった。ストーリーもさることながら彼女の日本語能力に度肝を抜かれた。

正直言って、辞書なしには書かれていることの半分も理解できない。辞書があってもすべてを理解することは到底無理だろう。今では失われてしまった、美しく深みのある日本語

が散り乱れて文章となっている。シンフォニーのようなのだ。私はベッドの上で読みながらウトウトとする。すると夢のなかで、一葉の世界に少しだけ自分の身を置かせてもらったような気持ちになる。陶酔しているのだ。目が覚め、また読み続ける。

『たけくらべ』は、アメリカの大学で日本の近代文学を学ぶ学生にとっては必読書となっている。しかし、これを原文で読むとは！その上、英語に翻訳してしまう人すらいるのだ。題は"Child's Play"。そうさ、「たけくらべ」は「子供の遊び」なんだ。

一連の樋口一葉の作品を読み終えて、林芙美子も含め女性作家の凄さにあらためて感心した。それで次に円地文子の『女面』。これも近代日本女性文学の代表的な作品である。こちらは書かれた時代が近いので読むのはそう困難ではなかったが、なんとも不思議な作品で、女面の陰に源氏物語の六条が薄気味悪く見え隠れしているのである。

読み終えて次に『女坂』に取り掛かったが、どうも六条が気になって仕方がない。これは源氏を読まないとしょうがないな、ということになって、つまり今、読んでいる。

第2章 ライブラリアンの見た世界の大学

　源氏物語を読む目を休めて窓の外を見ると、そこに広大な放牧地が広がり、何十頭もの牛が草を食んでいる。その後方にカウボーイのデーブとジョーが馬に跨ってゆっくりと歩んでいる小さな姿が見える。空を見上げると4羽のハゲタカが何かを見つけたのだろう、ひとところを旋回しながら滑空している。

　アメリカの大西部と源氏、ちょっと妙な組み合わせに見えるかもしれないが、私にはそうは思えない。どこか共通したところがあるのだ。

もっと広い世界へ―留学のすすめ

1.在学している大学の交換留学制度を利用する

　日本の多くの大学はグローバル化を進めているので、留学提携校を持っています。あなたの在学校の留学制度をフル活用しましょう。もしあなたが高校生で留学に興味があるのなら、大学の海外提携校も志望校選びの考慮に入れましょう。提携制度の大きな利点はなんといっても留学経費にあります。北米の大学に留学する場合、有名な州立大学や私立大学は、年間授業料が500万円、寮費など諸経費を合わせると年間700万円はかかります。ですから、在学校の授業料や奨学金の援助で、提携校で学べる留学制度は経済的で現実的です。提携大学のある環境や留学条件などを自分の目的や希望に合わせて考えましょう。もしTOEFLE、経費予算等が留学希望先の条件に合わない時もあきらめず対策を立てて努力してみましょう。米国の大学は「受験勉強並みの集中力が求められる修行」と言う日本人学生には、留学生だった私も同感です。自分の心が躍るほど行きたい所でこそ、毎日がんばれ楽しめます。

　交換留学制度には単位互換性があり、就職活動や卒業に不利にならないように日本の大学は考えています。早くから、

[ミシガン大学図書館] 横田カーター啓子

留学担当の職員に遠慮せず様々な質問をぶつけ相談されることを勧めます。

また、年齢は関係ありません。学部時代に留学できなくても、専門研究の奨学金に応募する、研究と生活費が保証されるポストドクター研究者として留学する、あるいは企業派遣で留学することもあるでしょう。「自分は何をしたいのか」、そのための手段として留学があります。丁寧に自分の心の声に耳を傾けてみましょう。言葉にできない思いも大切に育てていけば、必ずそれにあった最善の道が開けていくことでしょう。

65歳を過ぎてから、ミシガン大学のシニア授業料割引制度を利用して、格安の授業料で社会福祉大学院に留学し修士号を取得した日本女性がいます。情報を調べ上げシニア割引を利用するしたたかさ。夢をあきらめず模索する中で、情報収集スキルも磨かれ、意志も忍耐力も強められ、実は「生きる技や力」が訓練されているのです。もし留学できなくても在学校に来る留学生と交流するなど異文化体験できる場はあります。自分の大切な人生を「最善の時に最善のことが準備される」ことを信じ感謝して生きましょう。夢は捨てないで、意志のある所に道は必ず開けます。

2. 留学中に就活する

　多くの学生が留学をしない理由に就職活動と時期が合わないので敬遠するという事情があります。しかし、最も大切なのは就職活動なのでしょうか、それとも就職なのでしょうか？　日本の企業はどこも、生き残るためにグローバルな経済活動に貢献してくれる人間を必要としています。その一方で、学生側では、留学すると就職活動には不利になる、しかし留学経験は就職に有利になるというおかしな状況になっています。留学をめぐり就活と就職に挟まれた学生はどうすればいいのでしょうか。だいじょうぶ、仕事を通して自分が成長できる会社に出会う、それは日本国内にいなくても留学中にでもできることなのです。

　技術の進歩と社会の変化は速いので、よく言われる「今すぐ役立つ人材」はすぐ役に立たなくなります。優秀な企業は「人材」よりも「人に信頼され成長する人間」を探しています。この社会、特にビジネス活動には現状維持はありえません。激しい変化に流されずに生き残るためには、歴史の中と現在の世界に存在する多様性を理解し、自然・生態系も含んだ様々な要因によって世界全体がどんなダイナミズムで動き

変化しているのか理解し予見する。全体との関係を捉えながら、個々の分野で新しい価値を考え創り出すことができる。専門技術に加えて、歴史、文化、文学、宗教、政治等の知識と教養、人間に対して愛情があれば多様な人と交わることができ信頼され、人間はどこでも生きていけます。

これまで同質志向だった日本の企業は、異文化で生活する留学生・海外在の日本人は「異質なもの」に日々晒されながら、自分と日本を外から客観的に考えることができ、多様性に寛容で、国際的に人と交流できる力をつけているだろうと期待しています。しかし、皮肉なことに、求人は増える一方で留学生が減少している。つまりあなたの「希少価値」は増しているのです。

大学のリクルート課に登録して面接する会社もありますが、日本企業の多くはリクルート会社の主催する会社説明と面接をする「キャリアフォーラム」に参加しています。このキャリアフォーラムを利用して北米留学中にも就活、内定取得は可能です。こういったリクルートサービスを利用して、銀行、グローバルコンサルティング会社、米国証券会社・投資銀行の日本本社にスムーズに就職した日本人学生の例をお話ししましょう。皆さん大学図書館で私の仕事をアルバイト

で手伝ってくれた学生たちです。

　A君は在学校の留学提携を利用して米国の大学院に留学。私の元で図書館の日本語コレクションの注文入力のアルバイトをしてくれました。二年間の留学でしたので、彼は学内就労時に取得したソーシャルセキュリティー番号（銀行口座、保険、就職や運転免許証など生活のあらゆる面で必要な「マイナンバー」）があったおかげで、夏期休暇を利用してアメリカの企業でインターンシップを経験することができました。これが邦銀での就職に役立ちました。このインターンシップは有給だったのですが、外国人学生はキャンパス外では報酬を伴う労働は法的に禁止されているので、この学生は報酬をそのままこの企業に寄付、北米で開催されたキャリアフォーラムで一度に日本の三銀行から内定を受けました。銀行の国内研修もビジネスクラスで日本にご招待。仕事始めも銀行側は初めから米国大学の6月卒業を理解していたので、この学生は無事に修士号を取得した後、卒業式から就業開始までの期間を利用してヨーロッパ経由で帰国しました。

　Bさんは米国に家族と永住する日本人学部生でした。微生

物学専攻でしたがITにとても強く、日本で働きたいという希望が強かったので日本人学生対象のキャリアフォーラムに参加。ライバル同士の米国証券会社・投資銀行両方から内定をもらい、一社にIT担当者として東京で就職しました。

C君は日本の大学卒業後、私費でPublic Administrationの大学院に留学。この人も図書館で仕事をすることでソーシャルセキュリティー番号を取得して米国でインターンをすることができ、日本でもインターンをした後、キャリアフォーラムで面接した米国コンサルティング会社の東京本社に就職しました。

D君は日本の大学院を休学し私費留学。消費行動研究に興味があったものの、ビジネススクールの授業料は年間650万円、一方で人間環境工学を勉強できる工学部大学院は187万円。そこで工学部に留学し人間工学とビジネススクールのマーケティングの授業などを取り、なんとかやっていけると自信を得てから日本の大学院を中退。納得のいく企業に出会うまで米国だけでなく日本でも開かれているキャリアフォーラムにも参加して、D君も米国コンサルティング会社の日本

本社に就職しました。

　これらの学生たちに共通しているのは、情報収集力と計画性、アルバイトやインターンで実務を積む行動力。日本での就活と同じですね。留学中に北米各地と日本で開催されるキャリアフォーラムを計画的に利用して、留学を就職に有利に結び付けています。

3. 米国でのインターンシップには
ソーシャルセキュリティー（social security）番号が必要

米国のキャンパス内での仕事は留学生も就業可能です。フルタイムにならない週に19.5時間まで大学構内でのみ法的に働けますが、授業で多忙なので週に10時間程度です。仕事は大学のホームページにあるEmploymentのリストを検索し応募します。しかし、実際には人間同士の関係は大切で、もし自分の興味のある仕事を見つけたら、その場に行ってどんな仕事なのか担当者に話をしてみることが肝心です。積極的に「仕事はないか」と聞きにくる学生もいます。アルバイトの雇用なので、仕事がなければ連絡先を聞いておきますし、仕事があれば、その場ですぐに面接した後で書類を提出して

もらい雇用することもあります。

　一般的なアルバイトは図書館の簡単な作業。時給は10ドル程度。貸出業務、図書の配架、日本語図書を購入する入学図書館では日本語のできる学生は貴重なアシスタントなので日本担当司書に連絡しましょう。日本語クラスの補佐の仕事に学生を雇う大学もあります。キャンパスの仕事は多くの利点がありお薦めです。収入はお茶代くらいですがいい息抜きになります。学生以外の、出身国も、世代も違う様々な性格の職員と仕事をすることで人間関係スキルも磨け、実務の経験を積むことができます。あなたの留学生活にも、人間性にもより膨らみが加えられることでしょう。

　履歴書に「実務経験」を記載できること、自分の仕事ぶりや人間性を知ってくれている職場の人を持つことも大切です。応募先からの問い合わせに応えてもらえたり、推薦状を書いてもらえる職場の上司がいることはインターンシップにも就職にも有利です。

　さらに、外国人学生にとって何よりも有難いのはソーシャルセキュリティー番号が取得できることです。この番号は米国でのインターンシップ応募や就職の際には既得していることが必要で会社はサポートしてくれません。しかし、留学生

のキャンパス就労では大学がサポートしてくれ、取得することができます。この番号は米国内での生活では無ければ困るといっていいくらいに必要です。さらに、米国を離れても一生持ち続けることができますので、いつかまた米国で生活することになった時にもすぐに役立ちます。上手に時間管理をしてキャンパスで働いてみましょう。

キャリアフォーラム
http://www.careerforum.net/info/aboutCFN/jsk1.asp?lang=J

4.見えないものを感じ見る力

　アップル、グーグル、マイクロソフト、フェイスブックなど収益を上げるだけでなく、世界的な社会変化を創り出す企業では、意図的に多種多様な言語と文化背景の人達がチームを組んで、お互いの違いや個性を尊重しぶつかり合いながら「世界中に通じる商品」を開発しています。専門知識に加えて異種混合チームを成功させるのは、察する、思いやる、想像する、「見えないものを感じ見る力」。それらの総合知としての創造性です。また、笑い、喜び、悲しみ、怒り、分かち

合う、困っている人を助ける、そんな普遍的な人間性が「共通言語」として人々をつないでいます。

 ところで、米国の多くの学部では、入学時に一年間の寮生活が義務付けられています。一つのユニットの中に共通のリビングを囲む個室があり、異なる専攻の学生が一緒に住んでいます。どの学生にとっても大学生活は自分の常識と習慣とは違う「未知との遭遇」のカルチャーショックに始まり、みんな「未知に挑戦」し、新たに「共に生きる」ことを学びます。また、大学は好きなことを共有できる人と出会い仲間になる場でもあります。アニメ、ゲーム、映画、合唱クラブ、日本人学生会もイベント企画したり楽しいこと満載で、一生を通じての友人ができることでしょう。

 共感する、感動する時に心の窓は開きます。共通する知識があればあるほど、繋がれる人の輪は広がり楽しくなります。専門技術に加え、大学で学べる文学、芸術、歴史等の人文系科目はあなたの心を自由に羽搏かせ人生を豊かにしてくれることでしょう。

 行動するあなたが未来を拓きます。GOOD LUCK!

太平洋の楽園で勉強や研究？

　ハワイ諸島はカウウイ、オアフ、モロカイ、ラナイ、マウイ、ハワイの6つの島々から成る。アメリカは全部で50州あり、ハワイは1959年にその50番目の州となった。

　日本から6〜7時間くらいで来れる太平洋の楽園。州都のホノルル、観光客でにぎわうワイキキは、オアフ島にある。どこまでも続く青い空と澄んだ海、地球の創生を彷彿させるハワイ島のキラウエア火山、11月になるとアラスカから訪れるザトウクジラの群れ、世界中のサーファーを魅了するオアフ島ノースショアの高波。

　この「常夏の楽園」と呼ばれるハワイに、毎日5,000人近くの日本人が降り立つ。その大半は美しいビーチを堪能し、休息や癒しを求めて訪れる観光客である。多くの日本の人たちが一度は行って見たい観光地ハワイで、「大学レベルの勉強や高度の研究ができるの？」と、疑問に思う人がいるのは当然のことである。

州立ハワイ大学マノア校とは

　ハワイ大学マノア校（The University of Hawaii at Manoa：通称UHマノア校）は、ワイキキから山側に車で10分（約3キロ）のマノア峡谷にある州立高等研究総合大学。マノア

[ハワイ大学マノア校図書館] バゼル山本登紀子

峡谷付近では、絵に描いたような美しい虹がよくかかる。北東から吹く貿易風が、オアフ島を東西に横切る940メートル級のコオラウ山脈に突き当たり、マノア峡谷側にミスト（霧雨、当地ではshowerシャワーと呼ぶ）をもたらし、常に晴れている海側のワイキキからの太陽がそれに反射してできる自然現象である。

17年前に米国東海岸から引っ越してきた私は、山の緑を背景にして7色が完璧に浮かび上がる虹に大感動した。実は今でも、鮮やかな虹が出るたびに思わずWowとつぶやいてしまう。虹がハワイ州のシンボルであり、またハワイ大学のトレードマークでもある由縁だ。

UHマノア校は、創立1907年、つまり110年近くの歴史を持つ。ハワイ大学機構（システム）には4つの島々（カウアイ、オアフ、マウイ、ハワイ各島）に点在する10のキャンパスがある。その中で、UHマノア校は、2万人近くの学生が勉学・研究に励む最大規模のキャンパスだ。

ハワイ大学システムでは、ハワイ島にあるUHヒロ校が2番目の総合大学、オアフ島の西オアフ校と続き、その他の7校はコミュニティ・カレッジである。

大学の構成を見てみよう。統計が多くなるが、客観的に数字をみると全体像がつかみ易いと思うのでちょっと我慢して欲しい。

UHマノア校の学生数は2万人近くと前述したが、正確には2015年秋学期時点で18,865人（学部生13,689人、院生5,176）で、ここ数年17,000〜21,000人の間を行き来している。

米国の経済が怪しくなると学生数が増加する傾向にある。米国人にとっては私立より州立の方が学費が払いやすいし、特にマノア校の66％は州内からの学生なので、米国本土での生活費を考慮するとかなり費用の差が出てくるといわれている。米国本土から入学する学生は28％で、外国人留学生は全体の6％（約1,100人）が126カ国から集まってきている。

学費はというと、学部生では、州居住者が10,344ドル（約122万円）、非居住者（つまり州外者）は30,696ドル（約362万円）で、よく言われるように州居住者と非居住者では3倍ほどの差がある。

院生ではそれが14,232ドル（168万円）と34,320ドル（約405万円）となる。留学生は非居住者となるので、授業料と生活費を合わせると、学部生で年間約48,000ドル（約560

万円)、院生で51,000ドル（約600万円）くらい必要である。

　米国連邦政府の規定では、入学許可を取得する際に、つまり米国入国前に、米国の大学で勉学していくために十分な資金があることを証明しなければならないことになっている。この規定はかなり前からある。

　30年も前の私の経験談で恐縮だが、私が大学院に留学した時も、最初の1年間は日本に居る時に取れた奨学金があったが、次の1年間を留学生として生活していけるだけの貯蓄があることを示す銀行口座の写しを入学申請書類に添付しなければならなかった。

　私は日本の大学3年生の時くらいから留学したいと思っていたので、その辺からアルバイト代を貯め始め、大学卒業後に2年間日本で働いて、どうにか1年分の資金を貯めた。

　UHマノア校には、入学してから申し込める留学生向けの奨学金制度や補助金制度もあるが、どれも競争が激しい。そこで多くの留学生が学内でアルバイトをしている。留学生（つまりアメリカで雇用資格のない学生）が学外でアルバイトをするには、規定に沿った特別の許可が要るので要注意である。

　私の働く図書館の部署は日本語が堪能な人が必要なので、

常に日本人学生アシスタントを雇用している。現時点で時給13.35ドル、週15〜20時間（20時間が1学期間のキャンパス内労働時間の上限、学期外、つまり夏休みなどの期間中はそれを超えることも可能）お願いしている。その他に特別プロジェクトがある時も臨時募集をする。いつも大体6~10倍の競争率になる。図書館の仕事なので、時給が他より多少安くても、勉強に役立つということで応募者が多いようである。これは応募してくれた学生が、皆口を揃えていうことなので、図書館＝勉強のイメージが定着しているのであろう。

こんなデータベースがあるなんて知らなかったとか、たくさんの日本の本がアメリカで読めるとは知らなかったとか、日本の出版流通を学べたとか、図書館の仕組みやクラスやペーパーに必要な情報の入手方法が覚えられるので、確かに図書館で働くことは勉学・研究に役立っているようである。

そして学生の多くが、卒業後に1年間のインターンシップ制度を活用している。有給で仕事に従事し実務経験を積むトレーニングの機会である。

ハワイには日本の機関と提携したり、日本関係の事柄を取り扱う会社や研究機関が多いので、日英語が堪能なハワイ大学の日本人卒業生はかなり有利であり、また雇用側も低給で

優秀な学生に働いてもらうことは有益であると捉えているようである。今まで働いてくれた学生達で就職を希望していた人は、全員日本や米国で就職している。

　私はアシスタントをして下さった学生の就職斡旋はしないが、応募時に必ず提出を求められる人物・仕事ぶり等を照会する手紙(reference letter)や外部からの問い合わせには一所懸命に協力し、後押しするように努めている。

ハワイ大学マノア校のイチオシ

　UHマノア校は多様な分野の学位を提供している。学部課程では100の学士学位、修士課程では85分野、そして博士課程では58種類の学位を提供している。

　その中でも全米・グローバルランキングで上位にあがるイチオシの分野というと、人文・社会科学系では、国際ビジネス（特に米国とアジアを対象としたビジネス）、旅行産業経営学、言語学（第二言語学を含む）、アジア太平洋研究、科学系では、海洋・地球科学、地質学（火山学を含む）、熱帯農業、天文学だ。また、法学部では民族関連法、医学ではアジア系人種を対象とした癌研究、病理学、特にアジア太平洋地区に多く見られる病気の研究、遺伝子学などである。

この他にも「アメリカ研究」の中に分類される「移民研究学」という分野があり、ハワイの日系移民の研究が盛んである。

　これらイチオシ分野をみて気づかれた方もいるかもしれない。いずれもハワイという地理、土地柄、歴史的背景に根ざした分野だ。しかしこれは他の分野をお勧めできないという意味では決してない。

　UHマノア校は、米本土のアイビーリーグ校や有名校と比べると日本での知名度は劣るかもしれないし、コミュニティーカレッジからの転入という形での入学者も多いが、学部3年生、4年生と進み、卒業できるくらいのレベルに達するには、どの分野でもかなりしごかれる。

　どの学生も勉強と平行して学費生活費補助のためのアルバイトで忙しく、卒業して初めてワイキキで泳いだ、とか、オアフ島を象徴するダイヤモンドヘッドにようやく登ったとか、「ハワイ=観光と遊び」のイメージからかけ離れている。

　実はこちらから、せっかくハワイで生活したのだから、日本に帰国する前に1度はオアフ島東部の美しいハナウマ湾くらいは見て帰って、と頼むくらいである。

　院生はほとんどが進学前に、自分の進みたい分野と将来のキャリア構想をもって入学する学生が多いのでなおさら皆勉

学に忙しい。

　そう、最初の問い「観光地ハワイで、大学レベルの勉強や高度の研究ができるの？」の答えは、YESであることが分かって頂けたのではないだろうか。

民族の多様性とハワイ社会・UHマノア校キャンパス

　最後にハワイの民族多様性について考えてみたい。ここに書く意見はハワイ大学の見解ではなく、あくまでも私個人の経験からの観察であり、私見であることをあらかじめ断っておく。

　前述したが、私は30年前に米本土の中西部（イリノイ州）にある州立の総合大学の大学院に留学した。そして、再び20年前に働きながら東海岸にある私立大学で2つ目の修士号を習得した（これは働いていた会社が授業料を負担してくれた）。中西部と東海岸で20年近く勉強と仕事を経験した後にハワイに転居し、現職について16年になろうとしている。

　なぜ留学先に中西部を選んだかというと、ネット情報などない時代で、アメリカのことは映画や本で知っていただけの時に、尊敬する恩師からの一言が決め手となった。アメリカ生活が長かった恩師は、広大なアメリカは海に隣接する東海

岸や西海岸から入った（または起こった）文化が最後に中西部にたどり着き、そこの一般市民に受け入れられた時、その文化が定着したと言えるんだよ。いわゆるアメリカの草の根（grassroot）文化を理解するには、パイオニアの子孫が住む中西部を体験してみるのが一番だと思うよ、とおっしゃったのである。

　こうして私が選んで留学した大学はハワイ大学と同じ州立の総合大学だったが、UHマノア校と大きく異なるのは、学生の民族・文化背景をみると決して多様性があるとはいえないことだった。学生は白人系が大半で、次に黒人系、留学生は少数でしかもアジア系はその中でもごく僅かというキャンパス風景だった。典型的な大学町、つまり大学しか他に産業のない町の中にあり、キャンパスの外はパイオニア時代から続く白人系の田舎町だった。

　恩師がおっしゃった通り、日本に居た時にイメージしていたアメリカとはかなり違った「草の根のアメリカ」生活を2年間送ることになった。

　一方、ハワイの移民社会は本土と比べると新しい。しかもアジア系が非常に多い。日本人が最初にハワイに移住したのが1868年（明治元年）である。UHマノア校キャンパスを

みると、学部生全体の36.2%が自分をアジア系であると自己申告している。

そのアジア系の中で、自分は日系であるとする者が8.6%でフィリピン系と並んでトップである。(注：これは必ずしも日本人とは限らない。地元日系アメリカ人も含まれている。)

後ほどまた話すが、このハワイのアジア系を中心とした民族の多様性は、私の意見では、日本から留学して来る人にとって表裏一体の含みがある。

院生はほぼみな専門分野を基準に大学を選択するので、身近にいる知り合いの学部レベルの日本人留学生に、なぜハワイ大学を留学先に選んだのかを聞いてみた。

- 日本でハワイのことを良く聞いていて、アジア系（日系も含む）が多いので初めての留学先としては、米本土に行くより生活しやすいと思った。確かに生活してみてそう思う。
- ハワイは米本土より治安が良いと聞いた。
- 気候が良いので生活しやすいと思った。
- (意外に何人かいたのが)ハワイに小さい頃(または赤ちゃんの頃) 親と一緒に来たことがある、住んだことがある、ハワイで生まれた、知り合いがいる。

聞いたサンプルは少ないが、「生活のしやすさ」に選択の比重が大きくなっているようだ。確かにこれは当たっている。

「楽園」の名にふさわしい気候の良さはいうまでもない。治安も米国の他の地域に比べたら安全といえる。ちなみに、州別人口に占める凶悪殺人犯罪の比率は、ハワイは全米で低い方から5番目。カリフォルニアはハワイの約3.5倍である（FBI統計参照）。

アロハ精神（ハワイの人たちの思いやり、愛、といった伝統精神哲学）も確かに息づいていて、地元の人たちはとても優しい。普通のスーパーに日本食は当たり前のように売られている。

これだけ多様な異文化が存在するのに、非常にうまく共存していると思う。他のアメリカの都市に比べて物価の高さを除けば、日本人にはとにかく生活がしやすい。中西部と東部を経験してきた私にとっては、実に気持ちがホッとする土地柄である。

しかしこの住みやすさが留学を通して異文化の中で生活し、米国内の多数であるメインストリーム社会の中での体験を得ようとする時には、「表裏一体」となると私は思う。

ハワイに転居してから良く思うのは、ここは米本土とは異

なるユニークな存在だということ。歴史の中では民族間対立があり、差別もあったが、現在のハワイは様々な人種がうまく共存していて、多民族社会であることがプラスに機能していると思う。

　異民族間のテンションは米本土都市とは明らかに異なる。日系移民の人たちが多いということは、地元の人たちが日本の文化や日本人の習性に精通していて、言い方を代えれば日本人に寛容であること。日本人だからと「許される」また助けられることが多いとも言える。それがハワイの強みでもあり、ハワイで留学体験する時の弱みでもある。

　私は敢えて、米本土の生活をしたことがない、またはこれから生活する機会が多くはないであろう日本人学生たちに、ハワイが典型的なアメリカだと思ってはだめよ、と伝えることにしている。

　私はハワイ大学が大好き、ハワイが大好き人間であるが、これから米国留学を目指すあなたが、いわゆるメインストリームと呼ばれるアメリカ社会を体験することを留学の1つの大きな目的とするなら、先に米国本土に留学してみることをお勧めする。

米国本土を体験した後でこの地に生活する時、ハワイのユニークさの発見や面白さを数倍楽むことができるのではないかと思う。

FBI凶悪殺人犯罪統計
https://www.fbi.gov/about-us/cjis/ucr/crime-in-the-u.s/2014/crime-in-the-u.s.-2014/tables/table-5

ハワイ大学マノア校Welcomeパンフレット
（簡潔にマノア校概略を紹介）
http://www.hawaii.edu/issmanoa/media/download_gallery/Welcome%20Brochure.pdf

ハワイ大学マノア校留学生マニュアル
（ソーシャルセキュリティの取り方など留学するにあたっての様々な事柄を詳細に説明）
http://www.hawaii.edu/issmanoa/media/download_gallery/Student%20Handbook.pdf

ハワイ大学 Hamilton Library 入口

ハワイ大学のキャンパス風景

第2章　ライブラリアンの見た世界の大学

123

第 3 章

世界の大学案内

カリフォルニア大学バークリー校
The University of California, Berkeley

プロフィール
Profile

カリフォルニア大学10キャンパスの中にあって、1868年創設と一番古く、カリフォルニア大学の中心的存在。The California State Universityとはまったく違う大学なので誤解なきように。知名度はカリフォルニア大学ロサンゼルス校（UCLA）と同位ながら入学難易度は一番高い。全米の州立大学で入るのが一番難しい大学。世界公立大学ランキング第一位。

同じエリアにあるため、スタンフォード大学と良く比較される。バークリー校は庶民の雄で、スタンフォード大学は裕福層の象徴。確かに両校は車で1時間以内の距離にあり、北米を代表する大学がこれだけ至近距離に位置する関係も珍しい。ゆえになにかと比較されるのだろう。

セールス・プロモーション
Sales Promotion

映画「卒業」の舞台になったことでも有名なキャンパスは、世界の若者にとって自由の象徴といえるかもしれない。太平洋を眼下にそびえる緩やかな傾斜に広がるキャンパスは、かつてベトナム反戦運動やヒッピー発祥の地といったイメージに代表されるリベラルな校風が今も受け継がれているといわれている。60年代に世界中へ飛び火した学生運動のムーブメントが、ここバークリー校から始まったとお伝えすればイメージ頂けるだろうか。テレグラフ・アベニューの正門入口を入って右手に見える白い建物

Sproul Hallの正面が1960年代当時の学生運動の聖地と崇められているリベラルな雰囲気は今もキャンパス全体を覆っている。

かつて中期滞在した大江健三郎はバークリー・キャンパスのことを短編に書いている。村上春樹も滞在経験を持つ。ソフトバンクの孫正義会長もバークリー校の卒業生。

ロケーションと治安
Location and Safety

バークリーという街には、サンフランシスコ市内からBARTという地下鉄を使って10分程度で到着する。気候は一年を通じてすごしやすい。カラッと乾燥していて夏も海風の影響で涼しく最高に快適な気候といえる。

一方、治安面は最高レベルとはいえない。バークリー駅周辺では発砲事件が今も時々起きている。決してきれいな街並みでもない。写真に出てくる洒落たキャンパスライフをイメージすると期待を裏切られることになるだろう。

学部と大学院
Undergraduate and Graduate School

学生数35,000人、うち学部生80%、大学院生20%。州立大学の中では大学院生が多く、北米を代表する研究重視型大学（Research University）の一端を担う大学。MBAはトップレベルで、理工学の先端研究もカリフォルニア大学サンディエゴ校（UC San Diego）と並んで昔から有名である。

中央図書館と東アジア研究図書館
Main Library and East Asian Libraryy

中央図書館は学部図書館（Moffitt Library）と大学院図書館（Doe Memorial Library）に分かれており、両方の建物が地下通路で繋がっている。

蔵書数は全体で1,500万冊。これは日本の国会図書館の蔵書図書の約1.5倍に相当する。図書予算の80％が大学院図書館に使われている。

世界で唯一の独立したアジア研究図書館（C.V. Starr East Asian Library）を持つ。日本研究では海外の大学で一番大きなコレクション（図書50万冊以上、豊富な古典籍や江戸古地図など）を所有する。昔から日本研究のバークリーとしてつとに有名。

キャンパス周辺のお薦めレストラン
Recommended Restaurant

キャンパス周辺は常に多くの学生で賑わっている。アジア系学生の割合も多い。約40％。よって日中韓レストランも多い激戦区なのだが、その中から一押しのお薦めは、

Steve's Korean BBQ
2521 Durant Ave, Berkeley, CA 94704, TEL 510-848-6166
どれを選んでもボリューム満点、味も本格的。往年の歌手西川峰子似のおかみさんが優しくご飯のお代わりを差し出してくれる。スープチゲが特に美味しい。

The University of California, Berkeley

> 伝えておきたいこと
> Comments

　北米のトップ大学群は、日本と違って、公立大学よりも私立大学の方がレベルが高いといわれている。その中で、ミシガン大学(The University of Michigan)、カルフォルニア大学ロサンゼルス校(UCLA)等と並んで、州立大学の雄として、判官びいきというか、バークリー校には頑張ってほしい、という気持ちがどうしても働いてしまう。

　州の財政難もあって資金力で比べると私立のスタンフォード大学などとの差は歴然としているのだが、それでもバークリー校の学風にあこがれて入学してくる学生は今も多い。学生は3万人以上いるので8月末の新学期を迎えるとキャンパスは学生でごった返す。

　なだらかな丘の斜面にできたキャンパスは全米でも珍しい。上のほうにいくほど各種専門研究所の建物となるので、一般の学生には用は無い。その意味では実際に利用するエリアで考えると意外に狭く感じるかもしれない。といっても東京都内の大学に比べれば何倍も広いのだが。

　私がバークリー校を訪ねていつも思うのは、本当に多種多様な風貌の学生が集まっていること。人種の坩堝であり年齢の垣根も無い。若者もおじさんもみんな一緒に歩いているし、他人と違うということがふつうに当たり前なのだな、ということを再確認させてくれる。

　バークリー校は州立大学なので市民に開放された、開かれた大

学である。間口が広く、州民ならば誰でも図書館を自由に利用することが出来る。そして当然ながら研究の奥がものすごく深い。学内に40近い専門図書館が存在することをお伝えするだけでもその多種多様性がおわかりいただけるだろう。

　全米を代表する庶民の大学といえるかもしれないが、公立大学であるバークリー校であっても、その資産の大半が大学院研究に注がれている実情は一般にはあまり知られていない。

各種データ
University Data

大学のURL
http://www.berkeley.edu/

図書館のURL
http://www.lib.berkeley.edu/node

日本研究センター
http://ieas.berkeley.edu/cjs/

The University of California, Berkeley

第3章　世界の大学案内

大学院図書館（Doe Memorial Library）

バークリーを見下ろす丘

プリンストン大学
Princeton University

プロフィール
Profile

アメリカ東部ニュージャージー州プリンストンに位置するアイビーリーグを代表する1校。誰をも魅了するその美しいキャンパスは必見。一度でも訪れたことのある人は、自分の子供を入学させたいと思うことだろう。学生数は学部生5,000人、大学院生2,000人。研究重視型大学であるアイビーリーグの中では学部生の割合が多い。学部の授業充実度は世界一という評判もある。その学部の入学難易度は、毎年ハーバード大学（Harvard University）、マサチューセッツ工科大学（MIT）と全米1位の座を競い合っている。

ハーバードとイェール両校は良く比較されるが、プリンストン大学はひとりだけ別次元にいる風情がある。理由として、プリンストン大学のPost-GraduateにはLaw School, Business School, Medical Schoolといった大学の顔である単科大学院が存在しない。Princeton Graduate Schoolのプログラムは、こじんまりと人文・社会・自然科学に集中しているのが特徴といえるだろう。

セールス・プロモーション
Sales Promotion

過去に世界に名だたる教授陣が在籍している。古くは物理学のアルベルト・アインシュタイン、数学のジョン・ナッシュ（映画ビューティフル・マインド）、最近では経済学のポール・クルーグマン（ノーベル賞）、作家の村上春樹もプリンストン大学が気に入って一時期在籍していたことがある。

卒業生も負けていない。「グレート・ギャッツビー」の作家スコット・フィッツジェラルド、女優のブルック・シールズ、アマゾンのジェフ・ベゾス、グーグルのエリック・シュミット等など、いくらでも名前が挙がる。

　学生の印象が素晴らしい。私はプリンストンで愛想の悪い学生に出会ったことが一度も無い。キャンパス内で建物の場所を尋ねたり、学食でオーダーの手順を聞いたり、何度となく学生に接してきたが、常にプリンストン大学の学生は礼儀正しくスマートで、素敵な笑顔と共に親切に応えてくれる。優秀な学生にありがちなスノップ（鼻持ちならない）ところが微塵も無いのである。これはプリンストンの大学全般にいえる印象だと思う。
　プリンストン大学はそもそもは男子校であった。教授も学生もネクタイにジャケットの出で立ちで授業に向かっていたらしい。お互いを「サー」と呼び合っていた時代の話だ。

ロケーションと治安
Location and Safety

　ニューヨークから電車で1時間。プリンストン・ジャンクション駅で1回乗り継いで次のプリンストン駅が終点。人里離れたニュージャージー郊外にひときわ美しいキャンパスが広がる。
　大学正門前からニューヨーク行きバスも出ているが、直行バスではなく、あくまで普通の路線バスなので時間がかかる。電車がお薦め。

プリンストンはニューヨーク州、ニュージャージー州の中でもトップランクの人気住宅エリアであり、当然住居価格も全米トップランク。所得が相当高い人でないと住めない。小さな町並みだがお洒落なショップが並んでいて町全体のレベルが高いことを物語っている。治安も良い。

学部と大学院
Undergraduate and Graduate School

上述の通り、研究重視型大学の割に大学院生の割合は意外にも少ない。学部生は超一流で、卒業後に大学に残らず実業界へ入っていくケースも多い。いずれにせよ全校あわせても7,000人しかいない。私学の雄、早稲田大学が55,000人、慶応義塾大学33,000人、日本大学73,000人と比べていかに少ないかが、おわかりいただけるだろう。

中央図書館と東アジア研究図書館
Main Library and East Asian Library

中央図書館（Firestore Library）以外に20以上の専門図書館がある。私立大学の常で、部外者は基本的に利用できない。入口までは辿り着けるが、その先へは入館できない仕組みとなっている。入館するには招待状か推薦状が必要。

東アジア研究図書館は運が良ければ館内の閲覧スペースで雑誌類を読むことは許可される。書籍の閲覧や貸し出しはできない。通常はそれほど混んでいないので、静かな環境の中で優雅にプリ

Princeton University

ンストン大学の学生になった気分で読書を体験することができるかもしれない。是非一度訪問されることをお勧めする。同じ建物の地下が学生食堂になっている。

キャンパス周辺のお薦めレストラン
Recommended Restaurant

❶プロスペクト・ハウス Prospect House

キャンパス内にある教職員向け会員制クラブ（Faculty Club）。ビジターも利用できるのが嬉しい。前面がガラス張りで眼下に美しい庭園が広がる。花見が目的なら春がベスト・シーズン。窓際の席を予約しよう。

http://www.princeton.edu/prospecthouse/

❷ナッソー イン Nassau Inn

キャンパス正門通りNassau St.を渡ったPalmer Squareに建つクラシカルなホテル。プリンストン大学のイメージにマッチしたGUEST ROOMの宿泊料は季節により値段が異なる。最低でもUS$200/1泊するが、プリンストンを訪れたのならば是非とも候補にしたい宿泊先。周辺のショッピング・アーケードと合わせて、アクセスも非常に良い。

http://www.nassauinn.com/

伝えておきたいこと
Comments

　全米はもとより世界中の学生にとって憧れの大学のひとつといえるだろう。事実、超一流の教授陣、学生の質は全米一、白色の石を基調とした歴史ある建物の中に広がる清潔で居心地の良い空間、キャンパス全体の雰囲気。どれをとっても完璧で、ケチのつけようが無い。同じ高いお金を払うなら、こうした大学へ入りたいと誰しも思うことだろう。ゆえに合格率も平均8％と超難関。受験者は皆成績が優秀なのは当たり前でSAT（大学進学適性試験）の成績だけでは合否の判断がつかない。プリンストン大学を目指す100人の中から8人に入るということは、ある意味宝くじに当

プリンストン大学　正門

Princeton University

たるくらいの気持ちで臨んだほうが良いのかもしれない。それほどに入学は難しい。

　そして入学後は寮生活を含め生涯を共にできる学友と出会うことだろう。ニューヨーク市マンハッタンの中心にあるプリンストン・クラブ（Princeton Club）は卒業生の憩いの場所としてつとに有名。

　唯一、あえて難点を探すとしたら、世界最高レベルの学部4年間に比べると、大学院コースのレベルが（専攻によっては）若干落ちるといわれることくらいだろうか？

　2016年版 *US News & World Report* の全米大学ランキングで、

プリンストン大学

プリンストン大学は見事1位に返り咲いた。しかしその雰囲気を醸し出しているのは、世界のランキングなんて鼻から気にしていない、という孤高のスタンスにあるように思う。これは努力したから勝ち取れる種類のものではない。誰から教わるわけでもなく、昔から自然と身についてきたプリンストン流の身だしなみ、といえるかもしれない。

各種データ
University Data

大学のURL
http://www.princeton.edu/main/
図書館のURL
http://library.princeton.edu/
East Asian StudiesのURL
http://eastasia.princeton.edu/

Princeton University

第3章 世界の大学案内

プリンストン大学

プリンストン大学

コーネル大学
Cornell University

プロフィール
Profile

ニューヨーク州郊外にあるアイビーリーグの1校だが、半分の学部が州立大学という構成で、学生数も2万人を超える。簡単にいうと、私立と州立がミックスされた名門校。その意味で、他のアイビーリーグとは一線を画し、それがコーネル大学の特徴になっているともいえよう。ただし学費は安くない。

セールス・プロモーション
Sales Promotion

医学、農学、獣医学の先端研究など有名だが、中でも「ホテル経営学」は世界的に知られている。キャンパス内にホテルも併設され、学生はここでホテル学の実践が叩き込まれる。世界のホテルマンはコーネル大学から輩出されているといっても過言ではないかもしれない。

ロケーションと治安
Location and Safety

ニューヨーク州北部の小さな街イサカ（Ithaca）にキャンパスがある。アクセスには難儀する。イサカ町には近くに飛行場（Ithaca Tompkins Regional Airport）もあるが、30人乗り程度の小さな飛行機しか飛んでいないので移動にはお勧めしたくない。少々離れるが、さらに北部のシラキュース（Syracuse）までいくと大きな飛行場があるので、こちらからイサカ入りすることをお

勧めする。車で約1時間。但し10月下旬頃から雪が降り始めるので訪問季節には注意したほうが良い。

移動の件を除けば、イサカは学生街として居心地の良い雰囲気を持っている。自然の中で平日は学業に専念し、週末はニューヨーク市まで車で5時間、学生が羽を伸ばすことも可能な環境。オン・オフの切り替えを、自身でうまくコントロールできれば楽しい学生生活が待っていることだろう。

学部と大学院
Undergraduate and Graduate School

学部生15,000人、大学院生7,500人と、研究重視型大学の中では比較的学部学生数が多い。

しかし広大な敷地を持っているので学生が密集している印象は皆無。奥まで進んで行くと滝や渓流が現われて、なだらかな傾斜に広がる緑のキャンパスは中世の街のように美しい。

7つのカレッジからなる学部構成で、どの学部も入学後の勉学が厳しく卒業の難しい大学のひとつという噂も出ているほど。学生が多いといっても甘くはないのだ。

中央図書館とアジア研究図書館
Main Library and Asian Library

20ある図書館の中心となる中央図書館（Uris Main Library）は24時間開館している。貸し出し冊数の制限も無い。まことにユーザー・フレンドリーな図書館といえよう。学生はここで思う存分

勉学に励む環境を提示されている。

　アジア研究図書館（Kroch Library）も良く知られた図書館で、日本の現代文学や漫画、アニメのほか、アメリカの大学では誰も研究していない学問テーマであっても自分が面白いと思えば迷わず研究を始める。指導教官がいなくても関係ない。こうした点もアメリカと日本では学術研究に対する考え方が異なるように思えるがいかがだろう。

大学周辺のお薦めレストラン
Recommended Restaurant

　イサカの街は国際色豊かで、ベトナムやタイ料理などアジアのレストランが多くて重宝する。しかしながら、折角時間を費やしてコーネル大学を訪問するのだから、キャンパス内にあるホテルのレストランを利用することをお勧めしたい。もちろん料理の味も一級品。そして給仕してくれるウェイターを良く眺めてみよう。もしかすると学部で修行中の学生が爽やかな笑顔と共にあなたの料理を運んできてくれるかもしれない。ちょっと想像しただけでも楽しくなるではないか。

伝えておきたいこと
Comments

　イサカの冬は長く寒い。11月初めから3月頃まで雪が降ると思ったほうがよい。コーネル大学に限らないが、名門校が集中するアメリカ北部地区はどこも冬の厳しさが半端ではない。冬が嫌

Cornell University

いという学生は長続きしない。アメリカの名門校に留学するということは、冬の厳しさを経験することでもある。冬の間は、図書館や寮にこもりっきりになることもあるだろう。精神的に辛くなることも経験するかもしれない。それも含めての留学体験なのだと思う。しかし、いったん冬を通り過ぎると、爽やかな新緑の季節があなたを待っている。厳しい冬があるからこそ、春・夏の自然の素晴らしさが身に沁みてよくわかる。これは私がかつて3年間ニューヨーク郊外に生活してみて知りえた実感である。

　環境の厳しさを除けば、食事やキャンパス・ライフ、スポーツなど、イサカの人々はフレンドリーで治安も良く、すべてにおいて充実した学生生活を送れるだろう。

コーネル大学の内にあるホテル

各種データ
University Data

大学のURL

https://www.cornell.edu/

大学図書館のURL

https://www.library.cornell.edu/

Asian CollectionsのURL

http://asia.library.cornell.edu/

Cornell University

第3章 世界の大学案内

コーネル大学の芝生

自然の中にあるコーネル大学

イェール大学
Yale University

プロフィール
Profile

アメリカ東部ニューイングランド地方の街ニューヘブン（New Haven）に位置する名門私立大学。設立は1701年。合衆国で3番目に古いアイビー・リーグ。紺に近い青色がスクールカラー。

昔から何かとハーバード大学と比較され、ハーバード大学に次ぐトップ校というイメージを日本人は持っているかもしれないが、実際にはそれは当てはまらない。

アメリカ現地の考え方はそれとはまったく異なる。アメリカにはトップレベルの研究重視型大学が数多く存在し、トップ群の中で各大学得意な分野が存在し一概には評価出来ない。日本のように東大を頂点とするヒエラルキーでは測れない。この点は本書の中でも再三述べてきた点である。

ハーバード大学とイェール大学の関係も同様で、MBA（経営学修士）ならハーバード大学を選ぶが、Law Schoolなら迷わずイェール大学を選択する学生も多い。特色の異なる両校を単純な順位でランク分けはできない。これは他校との比較でも同じことがいえる。アメリカの大学の奥深さである。

セールス・プロモーション
Sales Promotion

私がイェール大学に居て感じるのは、「肩肘張らないエリート意識」であろうか。入学してくる学生は間違いなくエリート学生なのだが、ハーバード大学のような高いプライドは感じない。ま

たプリストン大学の学生のような優しい秀才君ともどこか違う。少し集団とは距離を置きたがる一匹狼のエリート君とでもいおうか。そこにイェール大学生のエリート意識を感じるとしたら私の考えすぎだろうか。

ハーバード、イェール、プリンストンの各大学、通称ビッグ3の学生気質を説明するのは簡単ではないが、イェール大学の最近の特徴としては、国際化にどこの大学よりも積極的に取り組んでいる印象を受ける。その一例が、シンガポール大学との連携（Yale-NUS College）であり、東大とも学術交流を行っている。アジアを中心に積極的に国際交流を推進している姿勢が見て取れる。

ロケーションと治安
Location and Safety

ニューヨークから電車で1時間半。ニューヘブンで下車してタクシーで約5分。歩くのはちょっとしんどい。ニューヘブンの街はかつて鉄鋼で栄えた町らしいが、駅周辺はけっしてきれいとはいい難く、見る場所も無いので大学まで早く移動したほうがよい。

大学の周りは学生街なので治安は問題ない。レストランなどショップ数はそれほど多くはない。夜も意外と静かな街という印象を持っている。レストランを始め物価は高い。

学部と大学院
Undergraduate and Graduate School

学部（undergraduate）は教養学部という名称で括られ、学部

生は12箇所のカレッジに分かれて所属し、大学院（postgraduate）は10の専門大学院から成っている、と大学のパンフレットには書いてあるが実情は少々わかりづらい。というのも、大きなキャンパスの中で、各カレッジが囲われ、各々入口も閉ざされていて部外者が勝手に中へ入れない仕組みになっているため、学部生の実態が見えにくいのである。

一方、大学院の方はそれぞれの建物が独立していて場所も明確なため、外からでもLaw Schoolの様子やMBAの存在など簡単な概要を把握できる。大学院中心のキャンパス構成という見方もできるかもしれない。

中央図書館と東アジア研究図書館
Main Library and East Asia Library

巨大な教会のような入口を持つ中央図書館（Sterling Memorial Library）。東アジア研究図書館もその建物内にある。朝河貫一が図書館長を勤めていたことで有名。国宝級のコレクションを持つ。但し例によって部外者の利用は許可されていない。同じ建物の中にはMap CollectionやYale Music Libraryといったユニークな図書室もある。

その他では、古書のみを収集する独立した図書館もある。こちらは館内に入ることができるので是非とも見学されたし。グーテンベルク聖書の完全なセット（2冊で1セット）が展示されている。

The Beinecke Rare Book & Manuscript Library

Yale University

http://web.library.yale.edu/building/beinecke-library

大学周辺のお薦めレストラン
Recommended Restaurant

　レストランではないが、大学の美術館（Yale University Art Gallery）も是非立ち寄りたい場所のひとつ。美術の教科書に出てくるゴッホの名作《夜のカフェ》が展示されているので、ゆっくり鑑賞されることをお勧めしたい。

http://artgallery.yale.edu/

伝えておきたいこと
Comments

　紛れも無い世界のトップ大学のひとつであるが、嫌味のないクリーンなイメージと、国際化を始めとする先進的な大学のカラーが相まって好感度は非常に高い。在籍する教授陣も、伝統重視という基本姿勢は保ちつつ、映画研究のユニークな学者がいたりとか、大学全体に余裕が感じられる。そこがイェール大の強みであり伝統であるようにも見受けられる。

　本書の監修をお願いしている石松久幸氏は、バークリー校の持つ古地図をデジタル化するプロジェクトで世界的に評価されたライブラリアンであるが、彼がデジタル画像を発表したとき、どこよりもいち早く注目したのがイェール大の歴史学者たちであった。歴史と先進性の融合というテーマは、これまでがそうであっ

たように、今後もイェール大学を語る上でのひとつのキーワードであり続けるに違いないと私は思っている。

各種データ
University Data

大学のURL
http://www.yale.edu/
図書館のURL
http://web.library.yale.edu/
東アジア図書館のURL
http://web.library.yale.edu/international/east-asia-library

Yale University

第3章　世界の大学案内

Yale Music Library

イエール大学キャンパス

スタンフォード大学
Stanford University

プロフィール
Profile

アメリカ西海岸を代表する私立大学。創立は1891年と意外に新しい。ちなみにカリフォルニア大学バークリー校は1868年。スタンフォード大学とは車で1時間以内の距離感。サンフランシスコにはカリフォルニア大学サンフランシスコ校もある（ここは医学部専門の大学院大学。ノーベル賞を受賞した山中教授も研究員として在籍し医学部を中心とした名門校）。これだけの至近距離に世界を代表する3校が立地するのも珍しい。

かつて鉄道事業で財を成したリーランド・スタンフォード（Leland Stanford）が、ひとり息子が15歳で病死したことをきっかけに大学を創設した逸話は有名である（正式名称はリーランド・スタンフォード・ジュニア大学）。「これからは、カリフォルニアの子供たちが私たちの子供である」という意思を抱いてスタンフォード大学はスタートした。

セールス・プロモーション
Sales Promotion

スタンフォード大学は東海岸のアイビーリーグとよく比較されるが、私はまったく別のイメージを持っている。スタンフォード大学の印象は、優秀な経営者が運営する大学ビジネスといった感じだろうか。ひとつひとつの考え方が独特で、Stanford Wayといえるのだろうが、とにかくユニークである。例えば、図書館の運営ひとつ取っても、どこよりも早くデジタル化に着手し、デジ

タル版でなければ本にあらず、というくらいの勢いで全学上げて電子化を推進している。

世界中から提携の話は引っ切り無しだろうが、基本的にスタンフォード大学は昔から、どこの大学とも特別な提携関係は結ばない方針と聞いている。スタンフォード大学が必要と考える国に独自のやり方でオフィスを立ち上げ、必要な研究と研究者支援を行っている。まさに Stanford Way。すべてがオリジナルなやり方を好む。こうした大学の基本的な方針が、シリコンバレーのベンチャー・ビジネスを次々と生む土壌になっているのだろう。

ロケーションと治安
Location and Safety

大学キャンパスは、サンフランシスコの南、サンノゼという町との中間に位置する。どちらかというとサンノゼの方が近い。夏は意外と暑くなる。35度もざら。二つのフリーウェイ（101と280と呼ばれる）の間にキャンパスがあるのだが、どこまでがキャンパスなのかわからないほど広い。約1,000万坪（東京ドーム700個以上）あるといわれている。それも現在、全米屈指の高級住宅街となっている一帯である。いかにリッチな大学かがおわかりいただけるだろう。もちろん治安も良い。

学部と大学院
Undergraduate and Graduate School

学生は全体で約18,000人。内訳は学部生が約7,000人、大学

院生が10,000人以上いる。つまり紛れもない大学院大学といえる。留学生はこの点を誤解しないでほしい。シカゴ大学（The University of Chicago）やジョンズ・ホプキンス大学（Johns Hopkins University）などと同じく、大学院中心の大学なのである。

一方で、スタンフォード大学は学部学生数が少ないにもかかわらず、大学スポーツも滅法強い。幾多の一流選手を輩出してきた事実は驚きである。例えば、タイガー・ウッズは、大学構内にある素晴らしいゴルフ場で日々練習していたそうである。キャンパス内には立派な乗馬施設もある。

中央図書館と東アジア研究図書館
Main Library and East Asia Library

スタンフォード大学には20以上の専門図書館が存在するが、どこも図書館というより資料センター（Research Center）といった趣である。中には紙の資料をまったく持たない方針の図書館もある。

学部生用図書館（Meyer Library）は24時間開いている。他の専門図書館も最低夜中の12時までは開いている。

大学周辺のお薦めレストラン
Recommended Restaurant

大学の正門を一歩外へ出ると、Palo Altoという高級住宅街があなたを出迎えてくれる。University Streetの両側に何軒もの洒落たレストランとカフェが立ち並ぶ。どこに入っても失敗はしな

Stanford University

いだろう。但しお値段は少々高い。また大学の出口までは歩いてはとても行けないほどに広いので車で移動することになる。

その他では、Stanford Shopping Centerというオープンエア・コンセプトの高級ショッピング・モールも大学のすぐ横にあるので、車で訪問した際は、是非帰りに立ち寄ると買い物に良いだろう。

http://www.simon.com/mall/stanford-shopping-center

伝えておきたいこと
Comments

別なコラムでも述べたが、スタンフォード大学のキャンパスを歩いていて、いつも感じるのは出会う学生の少ないこと。広大なキャンパスに対する学生数がものすごく少ないのだろう。どこか田舎の広大な山脈にあるキャンパスならば、それもありえるだろうが、ここは天下のスタンフォード大学である。彼らは皆どこでなにをしているのだろう？ といつも考えてしまう。それほどに出会う学生は少ない。

先にも述べたように、スタンフォード大学は他のどこの大学とも違う独自の大学運営方針を持っている。超一流の経営陣が世界を相手に、どうやったら「産学協同」がうまく運ぶか、を日夜考えている。超一流の研究重視型大学であることは間違いないのだが、ハーバード大学ともオックスフォード大学とも異なる。歴史が浅いからなのか、スタンフォード大学は伝統を重んじるという

より、むしろ伝統をぶっ壊す革新的な研究に興味の対象を持つような、そんな独特のイメージがある。

各種データ
University Data

大学のURL
https://www.stanford.edu/
大学図書館のURL
http://library.stanford.edu/

Stanford University

第3章　世界の大学案内

スタンフォード大学のシンボル

キャンパス内は自転車で移動する

デューク大学
Duke University

プロフィール
Profile

アメリカ東部ノースキャロライナ州にキャンパスを構える私立大学。よくアイビーリーグと間違えられるが、デューク大学は入っていない。ただし入学難易度はアイビーと同等。大学の雰囲気もプリンストン大学やコーネル大学に似たところがあるのは事実。日本人にはそれほど馴染みが無いかもしれないが、世界を代表する大学のひとつといえる。個人的にはとてもお薦めの大学。理由は360度緑に囲まれた静かな環境の中で、どの学部も最高レベルの教育を受けることが可能となってる点。その他バスケットボールの名門校としても有名。

セールス・プロモーション
Sales Promotion

ブルー・デビルの愛称で親しまれる青色のスクールカラーは目に鮮やかで、一度見ただけで印象に強く残る。スタンフォード大学と並んで文武両道という大学のイメージも定着している。それでいて学生に浮かれた様子はなく、スノッブ（Snob）な感じもしない。ニューヨークやボストンのような大都市にある大学ではないので、キャンパスで生活する学生もおのずと地味目になるのではないか、と思っている。そこがまた良い。

ロケーションと治安
Location and Safety

　立地は北米南東部というべきだろうか。ノースキャロライナ州は限りなく南部に近い。よって夏場は少々蒸し暑い。7月～8月は大学が年度末休みになるのでそこまで苦痛ではないだろうが、他の有名私立が北部に集中していることから考えるとデューク大学は少し環境が異なる。

　大学は、大きく分けて東キャンパスと西キャンパスの二つに区切られていて、お互いをバスで移動する。歩くことは無理。この不便さはデューク大学の数少ない弱点といえるかもしれない。また最寄のラリー・ダーラム国際空港からもそれなりに離れており、緑豊かで自然に囲まれているということは、一方で都会の便利さと華やかさから遮断されていることを意味する。

学部と大学院
Undergraduate and Graduate School

　学部生6,200人、大学院生6,800人、合計13,000人からの規模で、アイビーリーグに近い構成。研究重視型大学の1校であることは間違いない。

　特徴的なのは、至近距離にあるノースカロライナ大学チャペル校（The University of North Carolina at Chapel Hill）とノースカロライナ州立大学（North Carolina State University）の2校と一緒に、リサーチ・トライアングル・パークと呼ばれる協同研究を推進していることである。いずれの大学も北米トップレベルで、

研究のみならず、学生たちは相互に授業を交換し受講することが可能となっている。今流行の地域コンソーシアムのパイオニア的存在といえよう。その中心にデューク大学が位置している。

中央図書館と東アジア研究図書館
Main Library and East Asian Library

近年増改築を繰り返し、さらに使い勝手が良くなった中央図書館パーキンス・ライブラリー（Parkins Library）は、シックな概観はそのままに、内部は最新設備で居心地の良い空間を作り出している。基本的に北米の歴史ある大学は同じ手法で図書館の改装を積極的に行っている。

いつ訪れても驚くのは、図書館内の人口密度の低さ。各自がお気に入りの場所で、ゆったりと自分の時間を満喫している。この贅沢さは日本の大学では味わえない環境であろう。特に綺麗になったパーキンス・ライブラリーの内部空間はいつまでも居続けたくなる居心地の良さで、デューク大の学生は本当に恵まれているなあ、と思わず羨ましくなる。

大学周辺のお薦めレストラン
Recommended Restaurant

最寄の駅から離れているため、食生活はキャンパス内ということになる。メインキャンパス（西キャンパス）正面に立つチャペルを眺めながら、裏手の学生会館へ移動しよう。こちらで手軽なランチを頬張ったあとの残りの時間は、すべて Duke University

Duke University

Shopに費やすことをお薦めする。別の章でも述べたが、私の知る限り、世界で一番大学グッズが充実しているお店が出迎えてくれる。ちょっと覗いてみるだけでも実に楽しい。

伝えておきたいこと
Comments

9つの学部とカレッジから構成されるデューク大学は、知る人ぞ知る世界の名門校。ハーバード大学やコロンビア大学のように誰でも知っている都会の大学ではなく、あえて郊外の環境を好むのであれば、いの一番にお薦めしたい進学先である。同じような総合大学に、インディアナ大学（Indiana University）やワシントン大学セントルイス校（Washington University in St. Louis）など思い浮かぶが、総合得点ではデューク大学が頭ひとつ飛び抜けていると思う。たとえスタンフォード大学に入れなくても、デューク大学で十分と思える。そこがアメリカの一流大学に共通する底力の凄さだと思う。

各種データ
University Data

大学のURL
https://duke.edu/
大学図書館のURL
https://library.duke.edu/
東アジア図書館のURL
http://guides.library.duke.edu/c.php?g=289731&p=1933976

デューク大学のシンボル　ブルーデビル

カリフォルニア大学ロサンゼルス校
The University of California, Los Angeles

プロフィール
Profile

　大学のフルネームよりも'UCLA'の愛称で親しまれている州立大学の雄。ある意味、日本人に一番知られたアメリカの大学といえよう。カリフォルニアの眩しい太陽の下、自由で闊達な学生たちがキャンパスの石段を楽しげに歩くイメージ=UCLAなのではないだろうか。しかし、その明るく開放的な大学のイメージと実際の大学生活との間には他の大学同様マンモス校が抱える悩みもあるように思える。UCLAをめぐる光と影といったら少々大袈裟か。

　毎年受験者数が全米一を誇る人気大学。学生数3万5千人超。州立としては標準的な学生数で、研究重視型大学としても極めて質の高い研究を維持しているが、近年は同じLAに拠点を持つ私立の南カリフォルニア大学（The University of Southern California、通称USC）にランキングで相当追い上げられている。

セールス・プロモーション
Sales Promotion

　とにかく広大なキャンパス、最新の運動施設、きれいな桜色のレンガで統一された校舎。どこを切り取ってもポストカードの絵になる、まさに自由の国アメリカを象徴するような大学。また常にキャンパスのどこかで新しい校舎が建築されていて、道行く学生の表情にも暗さといったものは微塵も感じられない。

　カリフォルニア大学10キャンパスの中で、UCLAがバークリー校同様トップ校であることは間違いない。総合大学ゆえ、あら

ゆる学部が揃っているが、中でも正門手前に巨大な病院施設 (Medical Center) を持つ医学部と映画学部が有名。

一般に州立高校は、高校の成績を元に入学判定がなされ面接試験は行われない。例えば、SAT（大学進学適正試験）の成績を添付してカリフォルニア大学10キャンパスへ一斉に出願することも可能。合否はSAT（大学進学適性試験）の成績でほぼ決まると思って良い。ここでもUCLAは州立大学トップ校として全米の模範的な大学という肩書きを持つ。どこまで行っても優等生のイメージなのだ。スポーツ万能、明るく成績もよい、あと何を望もう？

ロケーションと治安
Location and Safety

日本の関東平野とほぼ同じ面積を持つ広域ロサンゼルス。ほとんどのエリアが平地であり、山と呼べる起伏の類は皆無であり、だだっ広いの一言。そして公共の移動手段は一切期待できない。電車や地下鉄が通っていないのだ。つまり車で移動するしかない。

ロスの空の玄関口、ロサンゼルス国際空港（LAX）を例に取ってみよう。到着後にエアポートからどこかへ移動するには、一般にレンタカーしかない。タクシーを使ったらものすごい金額になるし、バスも少ない。地元住民は自家用車が迎えに来るが、旅行者ならレンタカーを予約するしかない。それがロスの生活手段なのである。

UCLAキャンパスは、市内から車で西へ30分くらい移動したウエストウッド（Westwood）という町にある。周りはビバリーヒ

ルズやサンセット通りといった超高級住宅地。

　ビーチが有名なサンタモニカも近い。朝夕は道路がとても渋滞する。私はサンタモニカからUCLAまで約3キロの距離を、1時間半かかったことがある。高速道路の渋滞は日常茶飯事ゆえ、常に移動の時間を気にしながら次の行動を考えることになる。

　通学はどうしているのかというと、自分の車を持つ一部の裕福な学生以外は皆学生アパートを利用している。が、それでも需要に供給が追いつかないため、残りの学生は不便なバスを乗り継いで通学することになる。劣悪な交通事情は南カリフォルニアのアキレス腱といわれるゆえんである。

　大学周辺の治安は比較的良いとされるが、ロス市内（Down Town）は未だに治安の良くないエリアも残っている。アメリカは通りひとつ渡るだけでガラッと環境が変わるので用心に越したことはない。

　一年を通じて暖かいので冬服は不要。夏は30度を越えて蒸し暑くなる時期もある。私が2年間生活した経験では、ロス市内はスモッグで霧がかかったようになり、高層ビル群が良く見えないこともある。UCLA周辺の空気は問題ない。さらに南へ進み、オレンジ・カウンティと呼ばれるエリアまで行くと空気も完全に澄んでいて美しいビーチが眼下に広がる。まさに楽園と呼ぶに相応しい西海岸の雰囲気を体験することができるだろう。

The University of California, Los Angeles

学部と大学院
Undergraduate and Graduate School

　総合州立大学として、あらゆる学問の専攻が可能といえる。5つの学部構成と各分野の大学院が周到に用意されている。州立大学ゆえ8対2の割合で学部生が多い。ここは東部の私立アイビー・リーグと学生構成比が異なる点。あくまで州の住民を最優先した大学運営がなされている。学費も州の住民→州外の学生→留学生の順で一気に跳ね上がる。

　昨今はカリフォルニア州の財政事情を反映し、州の住民でも学費がUS$15,000程度（約180万円）。州外になるとその倍。留学生は3倍が常識といわれている。公立大学といえども私立とそれほど変わらぬ学費が必要とされる。

中央図書館と東アジア研究図書館
Main Library and East Asian Library

　キャンパスの緩やかな丘の上に立つパウエル中央図書館（Powell Library）を筆頭に11の専門図書館が存在する。アメリカの大学を訪問していつも思うのは、図書館が非常に良く利用されていることだ。蔵書が学部研究室や教授の部屋に散在していることもない。基本事項として資料は図書館に集約されているので、学生も利用するのが当たり前となる。大学の中心に図書館があるのが実感としてわかる。

　資料を提供する図書館側のサービスにも抜かりがない。例えばパウエル中央図書館ではずいぶん前からPCの貸し出しを行ってい

第3章　世界の大学案内

るが、こうした基本的なサービスが普通に活用されているのも嬉しい。

大学周辺のお薦めレストラン
Recommended Restaurant

キャンパス内にある学生会館（Student Union）にはあらゆる種類のショップやフードコートが用意されていて便利である。巨大スクリーンにはニュースやスポーツ中継が映し出され、学生の憩いの場となっている。決して豪華ではないが、必要にして十分な施設。

学生たちは適当にランチをテイクアウトして、外のベンチや芝生の上で円を作って歓談している。見慣れた風景だ。南カリフォルニアの生活スタイルがどこまでも続く。

伝えておきたいこと
Comments

冒頭で「マンモス校が抱える悩み」と少々意味深な書き方をしたが、何をいいたかったかというと、3万5千人を超える学生が在籍する広大なキャンパスの中で、外国人が学生生活をこなしていくのは簡単ではないということ。日本の大学のように入学時から手取り足取り、一人ひとりの学生を世話してくれる部署など存在しないと思ったほうがよい。

日本からアメリカの大学へ留学を考えた場合、真っ先に西海岸の明るい大学をイメージする人が多いのではないかと思われる

The University of California, Los Angeles

が、安易に甘い夢を描いているだけでは現実の大学生活に幻滅することになるだろう。

UCLA＝アメリカを象徴する大学のイメージ＝留学したい大学、と考える方がいても不思議ではないが、実際に日々行きかう多数の学生の中にあって、常に自己管理がしっかりできる気持ちの強さを最後まで持ち続けないと留学は成功しないだろう。開放的な環境ゆえの誘惑も多い。実際にいつのまにか娯楽の方へ嵌まり込んで勉学が疎かになってしまった学生をこれまで何人も見てきた。

卒業まで辿り着けない学生に大学は情けをかけたりしてくれない。日本のように最後にはなんとか救ってくれるだろう、という淡い期待はゼロと覚悟しておいたほうがよい。

毎年卒業の時期になると、UCLAキャンパスには、南カリフォルニア特有のジャカランダという名の青紫色の花が満開となる。燦燦と降り注ぐ眩しい太陽の下で見るとその色が一際きれいに見える。

学生たちはこの花を毎年どのような心持ちで眺めていることだろう。卒業式のガウンを身にまとい、晴れやかな気持ちで見上げるのか、それとも眩しすぎる太陽の日差しから物哀しい色に映るのか。UCLAを取り巻く光と影はいつの時代も甘酸っぱくほろ苦いのかもしれない。

各種データ
University Data

大学のURL

www.ucla.edu/

大学図書館のURL

www.library.ucla.edu/

東アジア図書館のURL

http://www.library.ucla.edu/eastasian

UCLA ビジネス・スクール

The University of California, Los Angeles

第3章　世界の大学案内

ジャカランダの花

169

シドニー大学
The University of Sydney

プロフィール
Profile

　1850年創設、オーストラリア国内39大学の中で一番古い名門大学。学生数52,000人。内、10,000人が留学生という構成で、相変わらず留学先としてオーストラリア人気が高いことを物語っている。大学側も学費を多く払ってくれる留学生は良いお客様なので、基本的に増やしていきたいのだろう。

　オーストラリアはイギリス流の教育システムを取り入れているので学部生は3年で卒業となる。アメリカ的ではなく英国的というのはポイントで、大学教育の至るところに顔を出す。当然授業のあり方そのものにも影響してくる重要事項といえる。留学先をアメリカの大学かオーストラリア、あるいはニュージーランドにするかを考える際のひとつの判断材料になると思われる。

セールス・プロモーション
Sales Promotion

　シドニー大学はオーストラリア最古の大学で、ビクトリア・ゴシック調の校舎が美しい、昔も今も国内人気No.1の大学。もしかすると研究分野によっては、オーストラリア国立大学（ANU）やニューサウス・ウェールズ大学（UNSW）もしくはメルボルン大学のほうが優れた部分もあるかもしれないが、オージー（オーストラリア人）にとってのNo.1は今も昔もシドニー大学で変わらない。それほどに国民に愛されている大学という印象が強い。もちろん人気のみならず研究・教育両面での総合評価も高い。

🚓 ロケーションと治安
Location and Safety

シドニー市内中心部から車で10分以内の距離にキャンパスがある。徒歩で行くのは少々苦しい。学生は皆バスを利用している。5万人の学生が在籍している割には、学内を歩いていてもそれほど窮屈な感じがしない。正面入口に構えるGreat Hallが大学のシンボルで、美しい中庭も一見の価値あり。シドニー観光の名所のひとつにもなっている。

大学周辺の治安は比較的良いとされるが、昨今オーストラリアは物価高が顕著で、安宿を探すのには苦労するだろう。それと、これは外国人にはあまり知られていないが、若者に蔓延するドラッグの問題は、実はオーストラリアの影の部分で、大きな社会問題となっていることも知っておいたほうがよいだろう。

🎓 学部と大学院
Undergraduate and Graduate School

前述の通りオーストラリアの学位（学士：Bachelor）は3年間で一旦卒業を迎える。ちなみに留学生は、語学のレベルに応じて入学前に予備校（University Foundation Course）で英語のトレーニングを受ける必要が出てくる。

無事学部を卒業したあとは、シドニー大やオーストラリア国立大学のような研究重視型の大学院へ進むことで、より専門的な勉強が続けられる。実際、教育者の大半はこうした大学から輩出されているといって間違いないだろう。

特にシドニー大学は、イギリス式カリキュラムの色彩が他の大学よりも強いといわれている。古くから著名な教授陣を抱える大学としての伝統がそうさせるのかもしれない。

中央図書館と東アジア・コレクション
Main Library and East Asian Collection

12の代表的な専門図書館の中心にあるのが近年改築された中央図書館（Fisher Library）。隣のLaw Libraryと並んで図書館機能が大きく改善された。

シドニー大学のアジア研究も世界的に有名で、コレクションはFisher Libraryの中に含まれる。但し蔵書数で比べると資金力の違いからアメリカの総合大学には遠く及ばない。資料を購入する力はアメリカの大学が他の国に比べ、飛び抜けている。

ただ、シドニー大学や欧州大学の研究者にお会いすると、蔵書数だけが学術研究の尺度ではないことを教えてくれる。これは決して痩せ我慢ではなく、実際に欧州と米国とでは「日本研究」ひとつ取っても、そのアプローチの仕方に確固たる違いがあると思われ、見ていてとても興味深い。このテーマについては別の機会があればいつかご紹介したいと思っている。

大学周辺のお薦めレストラン
Recommended Restaurant

オーストラリアのランチは、簡単なサンドイッチ類で済ませる人が多い。大学周辺はアジア系の学生も多いことから、気軽にア

The University of Sydney

ジアン・レストランを見つけることも可能。但し最近はあらゆる意味で物価が高くなっているので生活面では注意が必要だ。

伝えておきたいこと
Comments

かつて私が仕事で通っていた頃の話である。今はもう無くなってしまったが、学内に教員専用の洒落たレストラン（Faculty Club）があった。昼時になると、仲のよい教員同士がいつの間にか集まってきて、サンドイッチ片手に昼間からビールを飲む。彼らにとっては軽い挨拶代わりの習慣なのだろうが、初めて見た時は少々驚いた。名物教授がビールをキュッと飲み干して、午後の授業へと席を立っていくのである。

何気ない日常の風景で、多分イギリスあたりではごく当たり前のことなのだろうが、私にはこの光景がとても印象に残っている。ショーン・コネリーに似た顔立ちの老教授が、にこやかな表情で若手の教授陣と楽しげに語り合っている。アメリカ社会で時々見られる、高圧的な喋り方とはまったく異なるイギリス紳士。されど、ここはオーストラリアだから、君たち堅苦しい気遣いは無用だよ、と優しく教えてくれる。シドニー大学のFaculty Clubで私は多くのことを学んだ。それはまさしく長く受け継がれてきたシドニー大学の古き良き伝統なのだろう。

各種データ
University Data

大学のURL

http://sydney.edu.au/

大学図書館のURL

http://sydney.edu.au/library/

アジア研究のURL

http://sydney.edu.au/arts/asian_studies/

The University of Sydney

第3章　世界の大学案内

シドニー大学

新しくなった Fisher Library

メルボルン大学
The University of Melbourne

プロフィール
Profile

　ヴィクトリア州メルボルンの市内にあるオーストラリアを代表する大学。創立はシドニー大学と3年違いの1853年。学生数43,000人。うち留学生13,000人。オーストラリアは移民の国とされるが、特にメルボルンにいるとその印象が強い。

　英国調の色合いをベースに、イタリア人やアジア人など国際色豊かな街の雰囲気がメルボルン大学にもそのまま反映されている。大学の数も、メルボルン大学の他にモナッシュ大学（Monash University）やラ・トローブ大学（La Trobe University）など学園都市の横顔も持つ国際都市である。

メルボルン大学のキャンパス

ちなみに、季節が日本と逆のオーストラリアでは、毎年2月から大学の新学期が始まり、11月下旬に終了する。基本2学期制。12月〜1月が年度末で夏休みとなる。

　また、オーストラリアでは主要8大学が集まって緩やかな大学連盟を形成している。

The Group of Eight Australia：（順不同）
The Australian National University
The University of Sydney
The University of Melbourne
The University of Adelaide
The University of Queensland
The University of New South Wales
Monash University
The University of Western Australia

　いずれもオーストラリアを代表する実力派大学であるが、私が訪問した経験からいうと、各大学それぞれ個性がかなり異なるように思える。

　例えば、オーストラリア国立大学（The Australian National University：通称ANU）は、首都キャンベラにあって政府機関のお膝元ということもあり、昔から研究重視型大学（Research University）の色彩が濃い。

　もう1校例に挙げると、ニューサウスウェールズ（The University

of New South Wales:通称UNSW)は、シドニー市内から車で15分ほどの位置にメインキャンパスを持つ総合大学。創立は1949年と比較的新しいが、近代的な教育スタイルの導入に熱心で、至近距離にある名門シドニー大学とはある意味、対照的な大学と思われる。

セールス・プロモーション
Sales Promotion

メルボルン市内中心部からトラム（市内電車）で5分という恵まれた立地にある大学。パークビル（Parkville）と呼ばれるメインキャンパスに一歩足を踏み入れると、市内の雑踏が嘘のように静寂な環境が待ちかまえている。

白色のシックなレンガ造りの校舎はいずれも低層で威圧感が無く、構内を歩いているだけで心地良い。特にシンボルと呼ばれるような目立った建物があるわけではないが、このしっとりとした統一感が、メルボルン大学の落ち着いた印象を醸し出しているのだろう。

メルボルンかシドニー、どちらの大学もオーストラリアを代表する名門校で、イギリス式カリキュラムをベースにしている点や、著名な教授陣が多数在籍している点など両者甲乙つけがたい。

では両校のいずれかを選ぶ際に学生は迷うかというと、そうしたことは実際には起きていないのではないか。メルボルンっ子は絶対にメルボルン大学を推すだろうし、その逆もしかり。私自身はシドニーに3年間生活していたのでシドニー湾の小さな入り江

The University of Melbourne

が大好きだが、メルボルンの人々は緑豊かな公園とテニスのオーストラリアン・オープンを自慢することだろう。それは大学も同じで、あらゆる観点から、シドニーとメルボルンは永遠のライバルといわれる所以である。

ロケーションと治安
Location and Safety

メルボルン市内中心部から至近距離にメインキャンパスを持つメルボルン大学はとても恵まれた環境にあるといえよう。大学の静かな環境を確保しつつ、数分で市内の繁華街へ出かけることができる。市内は碁盤の目のように通りが整備されていてどこが中心か一目瞭然でわかるのでありがたい。

オージーは皆アウトドアのカフェでお茶をするのが大好きだ。天気さえ良ければ街角のいたるところにテーブルが広げられ、カプチーノの香りが漂ってくる。治安も比較的良いので、夜ともなれば、学生たちはワイン片手に和気あいあい、いつまでも楽しい話し声が聞こえてくる。アメリカでいうと、ハーバード大学のあるケンブリッジ（Cambridge）の街に似た雰囲気がある。

学部と大学院
Undergraduate and Graduate School

大学は12の学部に分かれていて、各々専攻の大学院が用意されている研究重視型総合大学。同じメルボルンに本部を構えるモナッシュ大学（Monash University）がどちらかというと実学中

心の授業であるのに比べると、伝統校メルボルン大学は、シドニー大学同様バランス重視のカリキュラムといわれている。

中央図書館と東アジア研究図書館
Main Library and East Asian Library

人文・社会科学図書館のBaillieu Libraryを筆頭に10の専門図書館が用意されている。オーストラリアで特徴的なことがある。例えば、「日本学研究」に関していうと、日本語教育を含む実学としての言語学は、UNSWやモナッシュ大学が専門で、歴史や文学といった研究分野は、シドニー大学とメルボルン大学が牽引している。この傾向は昔から変わらない。一概にアジア研究（Asian Studies）といっても、大学により個性が大きく異なるので、事前に十分予備調査をしてから臨んだほうが良いだろう。

大学周辺のお薦めレストラン
Recommended Restaurant

別の章でも紹介したが、メルボルン大学横のライゴン通り（Lygon Street）は是非訪れて欲しい。いわゆるイタリア人街で、通りの両側にイタリアン・レストランがぎっしり並んでいる。時々店の構えが替わっていることがあるので、特定の店というより、訪れた時に地元のお客さんで混んでいる店を選べば間違いないだろう。パスタ、サラダ、そして勿論新鮮なシーフードがおススメ。

The University of Melbourne

第3章 世界の大学案内

メルボルン　ライゴン通り

イタリア人街の新鮮な生カキ

どれを食べても絶品のパスタ

伝えておきたいこと
Comments

　南半球南端の街メルボルン。かつて大昔は流刑地であったこの国が、今では「世界中で一番住みやすい町」にノミネートされるほどの人気都市となった。確かに気候は穏やかで、食事は美味しいし、治安もいいし、多国籍の人々の集まりなので周りに気を遣う心配もない。日本のように地震は無いし、アメリカのように資金力を誇示されることも無い（私自身は幸いなのか、鈍感なのか、海外に住んでいて嫌な目にあった経験は殆ど無いが）。

　私のシドニーの友人で、長年船乗りを仕事にしていて世界中を廻り、最後に住処として選んだのがシドニーだったと聞かされた

メルボルン大学の中庭

The University of Melbourne

ことがある。そのくらい、オーストラリアの自然と暮らしの環境は素晴らしい。

　そこで一生暮らせるならどんなに幸せなことだろう。しかしながら、学生時代に一時期留学先として選ぶかどうかという選択になると、慎重に考えたほうがよいかもしれない。ひとつには卒業後の就職の問題。もうひとつは生活していく上での物価の異常な高騰という問題。世界の楽園がいつまでも続くと考えるのは、たまに訪れる観光客が思う幻想に過ぎないのだと私は思う。

各種データ
University Data

大学のURL

http://www.unimelb.edu.au/

大学図書館のURL

http://library.unimelb.edu.au/

東アジア研究のURL

http://asiainstitute.unimelb.edu.au/study/asian_studies

シンガポール大学
National University of Singapore

プロフィール
Profile

1905年に創設されたシンガポール最大にして唯一の総合大学。もう1校、南洋工科大学（Nanyang Technological University）も存在するが、こちらは工科大学ゆえ、純粋な意味での総合大学は今もシンガポール大学（通称NUS）1校となる。

学生数37,000人。現在の大学進学率は30%近くまで上昇しているとされるが、私が駐在していた20年前は10%前後で、真の意味でエリート養成大学と呼ばれていた。

今回NUSを取り上げることにしたのは、留学生の割合が15%程度まで増えていることがわかったからで、国民向けのエリート養成大学から世界へ門戸を広げた総合大学へ、運営方針が変わってきていると思えたからである。

ちなみに、'Times Higher Education' 2015-16ランキングで、NUSはアジア地区でトップの26位。この順位がどのくらい凄いかというと、2位がメルボルン大学で33位。東大43位、香港大学44位。欧米を除く世界の大学の中で見事1位を獲得しているのである。

セールス・プロモーション
Sales Promotion

仮に留学先としてNUSを選ぶ利点は何だろう？ と考えたとき、学術レベルや治安の良さなど幾つか挙がるだろうが、一番のポイントはアジア人の大学という点だろうと思う。アメリカや豪州

ではなく、あえてNUSを選ぶわけは、まわりが皆アジア人であることの親近感だろう。留学して初日から友だちを作ろうと思えば、多分すぐに親しくなれるだろうし、日本人より英語が上手だといっても、お互いEnglish as a Second Languageとしての共通意識は必ずある。当たり前のことながらこのポイントは実際に生活してみると大きいのではないか。

　もうひとつは、シンガポール国の政策とも関係する点だが、先進性に富むアイディアや実行力であるように思う。その好例が、Yale-NUS Collegeの存在。2013年夏にシンガポール大学横の敷地に開校し、シンガポールとイェール両大学が共同で設立したユニークな大学という触れ込み。

　歴史あるアメリカの大学と、アジアの先進国シンガポールの大学がタッグを組んだ試みとして注目されている。

ロケーションと治安
Location and Safety

　東京23区と同じ位の国土面積の中で、シンガポール大学の位置は市内から西へ車で15分ほどの距離にある。辺りには上述のYale-NUS CollegeやScience Parkと呼ばれる研究施設が集中し、いわゆるシンガポールの学術研究エリアを構成している。

　治安の良さは世界の中でもトップクラスだろう。但し生活費はアジアの中で群を抜いて高い。私が暮らしていた20年前は人口300万人だったのが今や600万人へ手が届きそうなところまで膨張している。国は埋め立てにより拡張しているといっても限界があ

る。よって現在、住宅費用が高騰している。シンガポールは、もはや賃金などあらゆる面で日本より上位にいる国かもしれない。

学部と大学院
Undergraduate and Graduate School

　総合大学として16の学部と大学院がある。シンガポール大学の特徴として、アメリカの大学でPh.D.（博士号）を取得した若き研究者が多いことが挙げられるだろう。同じことは香港の大学にもいえるのだが、アメリカでPh.D.を取得したドクターの就職先としてアジアが形成されていると思われる。シンガポール大学の場合、アメリカとイギリスの名門校（オックスファード大学やケンブリッジ大学）出身者で教授が構成される傾向が強いようだ。

中央図書館と東アジア・コレクション
Main Library and East Asian Collection

　中央図書館（Central Library）を筆頭に、合計7つの専門図書館が存在する。日本語と中国語の文献は中央図書館内に所在するChinese Libraryの中に蔵書がある。

大学周辺のお薦めレストラン
Recommended Restaurant

　学生は皆キャンパス内のキャンティーン（Canteen）と呼ばれる学生食堂で食事を済ませる。ご存知のように、シンガポールは一年中暑い。学生たちはオープンエアのキャンティーンで手短に

National University of Singapore

ランチを済ませて次の場所へ移動していく。あまり食事には執着していないように思えるが実際はどうだろう。

同じことが服装にもいえる。日本の大学生のように女性雑誌から飛び出してきたような綺麗な装いの学生は皆無。皆んな短パンにビーチサンダルを履いて授業を受けている。これがシンガポールを含め東南アジアの大学生に共通するライフスタイルである。

伝えておきたいこと
Comments

シンガポール大学がシンガポール国より長い歴史を持っているとはいえ、イェール大学の3分の1である。世界的に見ても、成長著しい新しいタイプの大学という評価が一般的だろう。特に与党第一党優位の政治政策と相まって、良いと決めたことは翌日には即実施されるお国柄である。その点は国立のシンガポール大学の運営方針にも当然反映されるだろうし、よくいえば進歩の早さというか、10年後の姿を的確に言い当てることなど誰にもできないだろうと思う。アメリカでいえば、スタンフォード大学が近いかもしれない。10年後に世界大学ランキングでトップ10入りしていても不思議ではない、そんな大胆さを兼ね備えた大学といえるだろう。

各種データ
University Data

大学のURL

http://www.nus.edu.sg/

大学図書館のURL

http://libportal.nus.edu.sg/frontend/index

日本研究学科のURL

http://www.fas.nus.edu.sg/jps/

National University of Singapore

シンガポール大学の中央図書館

リゾートホテルのような Yale-NUS College

ライデン大学
Leiden University

プロフィール
Profile

　1575年に創設されたオランダ最古の大学。アメリカで一番古いハーバード大学でも1636年創立なのでいかに歴史が長いかわかる。それでも欧州だと平均的な古さで、イタリアのボローニャ大学やフランスのパリ大学、イギリスのオックスフォード大学やケンブリッジ大学など上には上がいる。ちなみに、私個人のお気に入りは、スペイン最古のサラマンカ大学（The University of Salamanca）とドイツ最古のハイデルベルグ大学（The University of Heidelberg）。どちらも古さをひけらかすような威圧感がまったく感じられない、むしろ地味な印象なのだが、そこがなんとも心地良く、とても好感が持てる。

　その意味では、ライデン大学も同じ印象で、オランダの最上位大学なのだが、どこかのんびりしているというか、あまり自己主張しないというか、ちょうど良い具合に古くて歴史の重みに息苦しさを感じる心配をせずに授業に参加できそうな安堵感がある。

セールス・プロモーション
Sales Promotion

　日本人にとって一番有名な話は、江戸幕末期の1855年に世界で初めてライデン大学に「日本学科」が設置されたことだろう。海外で「日本研究」に携わる者にとってライデンという地名は特別な場所であるはずだ。かくいう私もライデンは昔から憧れの街であり大学名であった。市内にシーボルトの旧宅もあり、学内には

菅原道真の有名な和歌が校舎の壁に誇らしげに掛けられている。

「東風(こち)吹かば、匂いおこせよ、梅の花、主無しとて、春を忘るな」

ロケーションと治安
Location and Safety

　ライデンの町は、アムステルダムから電車で1時間ほどの距離にある。駅から大学まで徒歩で約10分。石畳の道と町を縦横無尽に駆け巡る細い運河の数々を見ながら平らな道を歩いて行く。治安は良いとされる。そして行き交う無数の自転車。オランダで有名な風景がここにある。学生のみならず社会人も多くが自転車で通勤しているのだ。

　かつて私は大学に勤める古い友人に「通勤はどうしているの？」といらぬ質問をしてしまったことがある。そのあとその友人と一緒に大学横の運河に面したカフェでビールを飲んだのだが、遅れてやってきた出版社の編集長もやはり自転車に乗って現われた。

学部と大学院
Undergraduate and Graduate School

　6つの学部専攻と大学院課程が準備されている。ライデン大学の特徴は、オランダ語と英語双方の言語による授業がほぼ半数ずつ用意されていることだろう。よって留学生は英語の授業中心に専攻科目を取りつつ、折角なのでオランダ語も習って授業に出てみようという試みが可能なのである。

中央図書館と東アジア研究図書館
Main Library and East Asian Library

中央図書館を始めとする7つの図書館から構成されている。良く知られたEast Asian Libraryはそのひとつで、独立した建物の中にある。蔵書は約30,000冊。この数はアメリカでいえば中規模大学のコレクション数で、決して多いとはいえないが、以前述べたように欧州は蔵書の絶対数では勝負していない。貴重書を大切に持ち続けることや、1冊の書物を掘り下げて研究することなど、欧州大学に共通する伝統を感じるのは私だけではないだろう。

大学周辺のお薦めレストラン
Recommended Restaurant

大学周辺の運河沿いに小さなカフェが並んでいる。人通りも少なく、静かな時間が流れている。オランダ特有の少し曇りがちな天候で時々薄日が差す。特別な景色が目の前に広がるわけではないのだけれど、車の代わりに自転車が通り過ぎていく町並みがとても自然で人間的な営みに思えてくる。思わずもう一杯コーヒーをお代わりしたくなる。

伝えておきたいこと
Comments

留学先にライデン大学を選ぶという行為は、とても素敵な選択のように思える。オックスフォード大学でもケンブリッジ大学でもなく、ライデン大学。自分自身に無理に背伸びすることなく、

Leiden University

自然体で、毎日の充実した留学生活が送れる。まわりの友だちも同じような心持ちの気さくな優等生が多い街、Leiden。

そしてライデンでの学生生活を見事勝ち取ったならば、是非旅行へ繰り出してほしい。絵画の好きなあなたなら近くのフェルメールやゴッホ、レンブラントを観に行くも良し。スポーツが好きなら欧州の球技場めぐりをするも良し。とにかく、ライデンという町は欧州のどこへ出かけるにも便利で、ヨーロッパのへそのようなベストな位置にいることを悟るだろう。この利点を活用しない手は無い。そして思い立ったその時は、間違っても飛行機など使わず（自転車の代わりに）電車の旅をお勧めすることはいうまでもない。

ライデン大学　東アジア図書館

各種データ
University Data

大学のURL

http://www.universiteitleiden.nl/en

大学図書館のURL

http://www.library.leiden.edu/

東アジア図書館のURL

http://www.library.leiden.edu/library-locations/east-asian-library/link-east-asian-library.html

Leiden University

ライデンの町並み

ライデンの風車

第3章 世界の大学案内

ルンド大学
Lund University

プロフィール
Profile

　スウェーデン南端ルンドにある国立大学。創設は1666年。アクセスはデンマークのコペンハーゲンから入ることが多いだろう。車に乗り込んで北上し、国境となる橋を渡るとあっという間にルンドの街が見えてくる。その間約1時間。かつて北欧バルト三国のひとつエストニアにあるタリン大学から船で対岸のヘルシンキへ移動したことがある。エストニアからフィンランドまで時間にして1時間半。これが欧州の距離感なのだろう。

　ルンドの街も同じ。昔からデンマークとスウェーデンは仲が悪いことで有名だが、その理由のひとつは距離の近さもあるのではないか。もちろん色々な意味で両国の結びつきは切っても切れない。昔からの「良きライバル」と表現したほうがより正しいだろう。そして不思議なことに、1時間たらずの移動なのに、両国間には今も昔も歴然とした個性の違いがあること。だから欧州は面白い。

セールス・プロモーション
Sales Promotion

　本書第3章の中から、欧州の大学紹介としてライデン大学とルンド大学を取り上げた。奇異に感じている方もおられるかもしれない。普通ならオックスフォード大学やケンブリッジ大学、もしくはパリ大学やボローニャ大学など誰でも知っている名門大学を取り上げるのが常套手段ではないかと。わざと外したというより、

今回は私個人の好みとして、少々渋い選択と思いながら、地味であっても英国以外でしっかりとした英語教育を行っている大学という観点から選んでみた。そう考えると、オランダとスウェーデンはぐっと魅力的な選択肢に見えてくる。また実際に留学を考えた場合、ルンド大学を含む北欧の大学は比較的授業料が安いというメリットもある。

（オックスフォード大学やケンブリッジ大学については、いつか別な機会にじっくり紹介してみたい）

ロケーションと治安
Location and Safety

私がルンド大学を訪れたのは一度きり。それも季節は冬。本書の監修をお願いしている石松久幸氏のルンド大学講演を聴講するために、わざわざサンフランシスコから出かけて行ったものであった。よって偉そうに語れるほどの知識を持ち合わせているわけではないのだが、その訪問の印象は強烈であった。

ルンドの人口は10万人。その4割がルンド大学関係者といわれている。まさに正真正銘大学の街なのである。かつていくつもの海外大学を訪問してきたが、これほど完璧な学生の街というのを私は経験したことが無い。道行く自転車も、街の片隅にあるレストランのウエイターも、ホテルで朝食を運んできてくれる笑顔が素敵な乙女も、みんなルンド大学の学生である。街が学生を育み、学生が街を成立させている。それがルンド。

学部と大学院
Undergraduate and Graduate School

　ルンド大学は4万人以上の学生が在籍している総合大学。8つの学部を持ち、英語での授業も多い。大学院教育のレベルも高いといわれている。但し、国立大学ゆえか、派手さは微塵もない。校舎やキャンパスの出で立ちはいたって簡素。オックスフォード大学やボローニャ大学のような煌びやかなキャンパスを思い描いていると現実の景色にギャップを感じることだろう。

中央図書館とアジア研究図書館
Main Library and Asian Library

　前述の石松久幸氏によるルンド講演は、大学図書館と日本研究学科にて都合2回行われた。当時すでに石松氏の「古地図デジタル・プロジェクト」は世界的に知られており、各方面から講演のお呼びがかかっていた。一時期、古地図デジタル・ツアーと称して講演旅行に出ていたくらいである。余談だが、私は彼の講演を5回聴講している。多分誰よりも一番多いだろうと思う。それくらい画期的で面白いプロジェクトであったのだが、ルンド大学図書館での講演はとりわけ印象深いものだった。

　1時間半ほどの講演のあと、彼を招待した大学教授や図書館関係者によるレセプションが開かれた。それはルンド大学としては最高レベルの催しだったと思われるが、アメリカ流のゴージャスなパーティを知っているこちらの目には、いたってシンプルに映ったのだ。

Lund University

ところが時間が進むにつれ、彼らの暖かい歓迎の言葉がこちらの心に染み入るように伝わってきた。ああ、これがルンド流のおもてなしなのだな、と感じ入った次第である。

学問は見栄えや物量ではないよ、と諭されているように思えたのである。

大学周辺のお薦めレストラン
Recommended Restaurant

ルンド大学周辺は、細い石畳の道で入り組んでいる。私が訪問した時は、殆どが雪景色であったが、平坦な土地なので移動に苦労することはなかった。こじんまりとした商店街が続き、高い建物が皆無なのも心地よかった。皆んな冬の上手な過ごし方を知っているように思えた。

そんな中から極上のレストランをひとつご紹介しよう。地元ルンド大学の教授たちが足しげく通う、ちょっとリッチなレストラン、'Grand Hotel Lund'。ここへ行けば、必ずやルンド大学教授による高尚かつユニークな講義を（無料で）聴くことができることだろう。

http://www.grandilund.se/default-en.html

伝えておきたいこと
Comments

ルンド大学の紹介のつもりが、半分個人的な思い出話になって

しまったが、それほどにルンドは一度行くと印象に残る街である。けっして饒舌ではないスウェーデンの人たち。生活や食事もどちらかといえば質素である。でも、どこか情が深くて人間に対して深い洞察力を持っているように思える。これは北欧の人々に共通するキャラクターなのかもしれないが、私にはそれがとても貴重でいとおしいもののように感じたのだ。雪がしずかに降り積る冬のルンド。その静寂さはなにものにも代えがたい記憶として今もずっと私の中に残っている。

各種データ
University Data

大学のURL
http://www.lunduniversity.lu.se/
大学図書館のURL
http://www.lub.lu.se/en/lund-university-libraries
アジア図書館のURL
http://www.ace.lu.se/asia-library

Lund University

第3章　世界の大学案内

タリンの町　海の向こうはスカンジナビア半島

巻　末

対談　世界の大学を旅して

巻末：対談　世界の大学を旅して

この対談は、2016年1月27日〜29日の3日間、
カリフォルニアにある石松久幸氏の自宅兼牧場にて収録された。
対談となっているが、実際には三竹が石松氏に
インタビューする形で話は進行した。

三竹：この章では、二つの事について話をお聞きしたいと思います。ひとつは、石松さんがかつてデジタル古地図プロジェクトで世界を旅した中から印象に残っている大学について。二つ目は、石松さんが勤務してきた大学、メリーランド大学、シカゴ大学、UCバークリー校、スタンフォード大学の4校での経験を踏まえて、今、若い世代の人たちへ伝えたいメッセージについて。

デジタル古地図プロジェクトで訪れた大学

UCバークリー校が所蔵する「三井文庫コレクション」は世界的に有名な貴重書コレクションで、その中の古地図約2,000枚をデジタル化して世界へ無料で公開したのがバークリー校のデジタル古地図プロジェクトであった。その中心にいたのが石松氏で、公開直後から世界中の大学よりセミナー講師として招待状が寄せられた。

三竹：古地図ツアーは1回では回り切れなくて数回に分けて、アメリカ国内、アジア、欧州と回られたと思いますが、特に印象に残っている大学はありますか？

石松：強烈な印象といえば、フロリダ大学（The University of Florida）ですね。会場が大きくて、大型スクリーンが2台あったり、学生が300人くらい集まってきて、度肝を抜かれました。オーガナイズが上手だったこともあるでしょうけど。

三竹：フロリダ大学は、比較的最近になって専任のライブラリアンが入って、日本研究に力を入れ始めた時期でもあったかと思います。それとこれは一般論ですが、ニューヨークやボストンのような大都会の大学よりも、ちょっと田舎の大学のほうが関心度が高いことは言えませんか？田舎の大学の方が有名教授でも気軽に面会できたりした経験があります。

石松：それは留学生にも当てはまります。大都会の大学よりも田舎の大学の方が間違いなく面倒見が良い。バークリー校やUCLAに入っても誰かが家に呼んでくれたりするだろうと期待しちゃいけない。自分の面倒は自分でみないと大きな失望を味わうことになる。1年居たけどまったく友だちができなかった例を沢山見てきました。

三竹：フロリダ以外にちょっとローカルな大学で良い印象の大学はありましたか？

石松：ハワイ大学もオーガナイズが上手で都合3回も講演をさせられました（笑）。ハワイ大学の日本研究は昔から有名で研究や教育のレベルも非常に高い。唯一残念なのは、地理的に本土と離れていること。東海岸の学会に参加するのに9時間近く掛かりますからね。ちょっと大変かな。

三竹：西海岸時間からさらに3時間の時差があるのも大きくないですか？仕事をしていてもリアルタイムで本土と話題を共有できない距離感を感じる時があります。

石松：アメリカはとにかく広いから、留学する場合も、どこにするかは重要な要素でしょうね。都会の大学だと、よほど自分から積極的に動き出さないと。例えば教授のオ

フィス・アワーの時間にわからないところを聞きに行く勇気がないと成功しない。

三竹：これがカンサス大学とかインディアナ大学だと、教員も司書も懇切丁寧に教えてくれる印象がありますね。都会と田舎、どちらを取るかだろうなあ。

石松：アメリカできめ細かいケアを求めるのなら、最初からリベラル・アート・カレッジを勧めます。親子代々通っている家庭も多い。高校からボーディング・スクールで、良妻賢母の教育を受けるのは昔から王道です。

三竹：リベラル・アートでひとつ記憶していることがあります。東大とイェール大学が学術協定を結んで、そのキックオフ・シンポジウムが東大で開かれたんです。その中で、東大の大学院人文社会系研究科の先生が、人文学は他の学問に比べてはっきりと目に見える形で世の中に貢献できていないので肩身が狭い、という意味の発言をしたんです。そうしたらイェールの代表者から、人文学の重要性は昔も今も揺るぎない、と自信満々に答えていたのをとても印象深く覚えています。

石松：それは人文学をとりわけ大事にしているイェール大だから言えた言葉でしょうね。アメリカの大学の中でも歴史学や人文学を重んじ、貴重書図書館を持っていたり、イェールは人文学が中心の大学ですよ、今でも。

三竹：古地図ツアーに話を戻すと、アメリカ以外の国で面白かった大学はありますか？

石松：韓国の某私立大学では、インターナショナル・シンポジウムとして、ハーバードとバークリーと高麗大学の３校で行った。やはり

'HARVARD' の名前は欲しいんですね、ここでも。それでハーバードの先生と一緒に講演を行ったのだけれど、どうも反応がおかしい。観客は多くて教授陣も相当聴きに来ていた。講演のあと、別室でパーティーが開かれて、それでわかったのだけれど、だれも英語がわからない。キャンパスはピカピカでお金持ちの大学だったけど、あれにはびっくりしました。

三竹：それに比べると、日本で行った東京外語大と立命館大のレベルは高かったですね。

石松：両校とも自分でデジタル化を手掛けている先生が多かったこともあって、熱心でしたね。立命館ではバークリーの所蔵する「すごろく」をデジタル化してもらったりしました。

三竹：ヨーロッパだと、冬にスウェーデンのルンド大学で行った講演が印象深いですね。

石松：三竹さんも本書の中で書いているけど、冬のルンドは静かで印象に残る町でした。学生と教師と街が一体化しているのを体感できる。まさしく大学の町といえるでしょう。そうした環境で、学生向けと教授向けに異なったスタイルで古地図のセミナーを行いました。どちらも熱心に聴いてくれて、質問も多かったし、オーガナイザーも上手だった。

三竹：まさしく世界古地図ツアーのハイライトでした。

石松氏の牧場

対談　世界の大学を旅して

今、若い世代に伝えておきたいこと

三竹：話は尽きないのですが、話題を二つ目に移して、石松さんがアメリカで半世紀近く複数の大学に在籍して、その間の変化も含めて、これからの若者にどういったことをアドバイスしていきたいか、というテーマでお聞きしたいと思います。

石松：最初に結論的なことを言っておきたいのだけれど、これからの世の中は、一流の大学を出て、一流の大学院でPh.D.を取っておけば一生安泰だ、という時代ではない、ということ。自分たちの年代はまさにそうだった。大金を叩いてでも頑張って大学院へ行けば、将来教授の職か安定したビジネスの仕事が待っていた。教える側の教授も、自分の教え子にそうやって教育してきた。ところが今の時代はかつての学問領域がそのままでは通用しない。一例を挙げれば、Law Schoolを卒業しても職がないケースがある。これだけ訴訟の多い国であってもそれが現実になってきている。つまり、何を学びたいか、だけでは十分ではないということ。学んだあとに何をしたいか？ 何の仕事が待っているか、まで考えて大学院へ行かないと、単なる膨大なお金の浪費と時間の無駄使いに終わってしまう。

三竹：アメリカの現実を語ってもらいましたが、ひとつの理由として、アメリカの場合、オーバー・ドクター、つまり

石松氏の自宅から見た夕日

大学院卒が多くなり過ぎたということはないですか？ 例えば、アメリカでは、就職ひとつ取っても大学院卒に対するリスペクト（尊敬）があると思うのです。それは初任給にもはっきり現われている。Law SchoolやMBAホルダーは大卒に比べて倍近い初任給をもらえると思っている。だから無理してでもCertificate（証書）を取りに行く。これが日本だとそこまで初任給に差がない。日本の企業は入社してから鍛えればよいと思っている。もうひとつ、日本人にとって理解しづらいのは、アメリカの大学の授業料は日本の4~5倍もして、裕福な家庭の子女ばかりではないでしょうから、皆奨学金を搔き集めて、卒業後に返済していく。簡単ではないはずで、よく平気で生活しているなあと思います。

石松：アメリカ人は強がりの民族だから、平静を装っているけど、実はみんな困っている。一部の裕福層だけですよ、入学と同時に親が大学に大金を寄付できるのは。2015年一年間にアメリカの大学が集めた寄付金の総額がUS$40 Billion（約4.5兆円）です。第1位はスタンフォードでUS$1.63 Billion（約2,000億円）。第2位がハーバードのUS$1.05 Billion（約1.200億円）。とてつもない額です。

三竹：だからアメリカの大学経営は、学生の授業料に依存しなくて済んでいる。本当はもっと安くても良いのではないでしょうか？

石松：もう一度、言いたいのだけれど、子供は親や先生の言うことを聞いて進路を決めちゃいけません。時代は変わっているのだから、自分で就職のことまで考えて進路をきめなくてはいけません。

三竹：これはちょっと過激な

発言ですね（笑）。ところで、石松さんの娘さんは、確か爬虫類の研究家でしたね。どのような仕事に就かれたのですか？

石松：娘は、最初の夢は高校の生物の教師でした。しかし学校の授業というのは自分の教えたいようなやり方とは大きく異なることを悟って、今は環境調査の会社に勤めています。各州の法律に定められている通りに施設が建っているか？ 環境破壊は起こしていないか？ をバイオロジストの立場から調査する仕事です。22歳で大学を卒業してから4年間の間に、数回ヘッドハンティングで会社を移っています。

三竹：娘さんが、東部のリベラル・アート・カレッジで生物学を勉強して、それが今の仕事にも活きているわけですね？

石松：今でもかつての会社から、ちょっと貸してくれと今の会社に依頼が来て、娘がお互いの会社合意のもとで元の会社の仕事をしたりしている。例えば、アリゾナ州の陸の亀の生態を調べてきて欲しい、なんて依頼が時々入ってるようです。

三竹：誰もが爬虫類学者になりたいわけではないでしょうが、今の娘さんの例は何か今の若者にヒントを与える話ですね。

石松：確かに新しい研究分野であり職業と言えますね。だから改めて強調したいのは、アメリカの大学を出るというのは、到達点ではなく、あくまで出発点に過ぎないということ。世界的に名の通った大学に入学し卒業することが目的ではないよ、ということを読者の皆さんに言いたいですね。

三竹：見方を少し変えて、大

学側から見た留学生について少し話を聞きたいのですが、アメリカに限らず、オーストラリアや欧州もそうですが、大学が留学生に依存している傾向はないですか？ 授業料をたくさん払ってくれる留学生を受け入れようとする大学側の姿勢はどうでしょう？

石松：それは勿論ありますよ。アメリカの大学の中でも経営に苦しんでいる大学や、儲け主義の大学もありますから、手を変え品を変え、留学生を安易に呼び込もうとしている大学は一杯あります。これは日本も同じでしょうけど。

三竹：ゆえに私は思うのですが、アメリカの大学へ行くのであれば、トップの大学群、いわゆる研究重視型大学（Research University）へ進学しないと意味が無い。

石松：三竹さんがこの本で紹介している世界の大学はどこも大丈夫ですから、卒業後の進路も十分に考えた上で、安心してチャレンジして欲しいですね。

石松氏の牧場

あとがき

　私が石松さんに初めて会ったのは、2001年3月、今から15年ほど前のことである。私は当時40歳。シドニーでの仕事を終え、次の勤務地アメリカへと飛び立った。明けがた到着したサンフランシスコの空港から眺めるカリフォルニアの空が、やけに眩しく、キラキラと輝いていたのがまぶたの裏に焼きついて離れない。

　石松さんの第一印象はお世辞にも良いとは言えなかった。向こうもこちらをそう思っていたらしい。大学の研究図書館に勤める日本研究部長さんは、いつもジーパンにブーツ姿だった。背広やネクタイの姿を一度もみたことがなかった。まわりは彼をカーボーイ・ライブラリアンと呼んでいた。かつて Law Library が使っていたシックな建物に当時のアジア研究図書館があって、その2階奥の彼の部屋を時々訪れた。隣の部屋ではバークリー日本語コレクションを長年陰で支えてきたアシスタントの加藤紀子さんが仕事をしていた。

　石松さんとはお互い仕事の話をした記憶は殆ど無いが、学内にあるバーでよくビールを一緒に飲んだ。

　ある時、日本から来た「本の友社」という出版社の阿部修社長と一緒に図書館を訪問した。阿部社長は学生時代バスケットボールでならしたスポーツマンで体型がガッチリしている。訪問日は全身黒のスーツにグレーのシャツというちょっとイカツイでたちで、石松さんと初めて面会するので少々ナーバスになっているようだった。コワモテの出版社社長 VS カーボーイ・

ライブラリアンの真剣勝負といった展開だった。ところが話が終わる頃には、コワモテの社長はすっかり石松さんと意気投合し、その後は頻繁に連絡を取り合い、しまいには石松さんの本（『おじさん漂流記』2005年、本の友社）を出版するほどの仲になった。

　江戸文学の研究で有名なインディアナ大学のスミエ・ジョーンズ教授を紹介してくれたのも石松さんだった。二人は旧知の仲で、黒澤明監督が若き頃の石松さんを見て、映画俳優を勧めたという逸話はジョーンズ先生から教えてもらった。彼女の弟さんが網倉章一郎先生で、城西国際大学で図書館長をしていた。網倉先生には日本で大変お世話になった。先生は「この人に聞くと海外の大学のことが何でもわかるんですよ」とにこやかな表情でいつも周りの人たちに紹介してくれた。

　石松さんは、バークリーを退職する前に『今、アメリカの大学でライブラリアンと呼ばれる職業が絶滅しつつある』（2009年、出版ニュース）というショッキングな論文を発表した。関係者の間で賛否両論が交されたが、ほぼ同時期に、「日本古地図のデジタル化プロジェクト」（2009年、情報の科学と技術）というライブラリアンとして最先端の論文も発表していることを指摘する人は少なかった。

　本書はそんな石松さんと一緒に作った本である。素人の私が週末の時間を使って少しずつ書いた文章を、海の向こうへ送りその度に暖かい励ましのコメントと共に送り返してくれた。石

松さんのアドバイスは、「常に7割の力で書き続けること」であった。それが実現出来たかどうかはわからないけれど、アドバイス頂いた一言一言が私には何ものにも代え難い貴重な道しるべとなった。巻末の対談では、石松さんの持つ沢山の引き出しの中から、若い人たちへ向けたメッセージを語ってもらった。

　本書の第2章に特別寄稿を載せてくれたお二方についても簡単に紹介させて頂く。お二人とも忙しい中を本書の企画に賛同下さり、現場より貴重なレポートを寄せてくれた。
　ミシガン大学の横田さんは経験豊かなライブラリアンであると同時に、常にアンテナを360度張り巡らして、豊富なアイディアと新鮮な感度を持ち続けているスーパーレディだと思っている。お互い考え方が似ているので「同士」のように呼んできたが、実際の行動力は比べ物にならない。彼女のような民間の文化親善大使がこの世の中を元気にしてくれているのだと思う。今回は留学と就職にスポットを当てた実践的で有益な情報満載のエッセイを寄せてくれた。
　ハワイ大学のバゼルさんは、いつお会いしても明るく笑顔で気さくに接してくれる。彼女の鋭い洞察眼は、時として聞いている周囲をハッとさせることがあるが、彼女の真意が何事にも捉われず、えこひいきや損得と一切無縁で、あくまでフェアな判断から来ていることをまわりは皆知っている。先の石松さんの論文の価値をいち早く評価したのも彼女だった。今回は、学

生インタビューも含めた彼女らしい真実のハワイ・レポートに仕上げて頂いた。

　本書を刊行するにあたり、松柏社森社長には大いにお世話になった。初めてお会いしたパーティの席で森社長から声をかけてもらわなかったらこの本は生まれていない。この場を借りて改めてお礼申し上げる。

　また海外で大学営業を立ち上げるという仕事に携われたこと。その機会を与えてくれた現在の会社に感謝したい。そして週末の時間を陰ながら静かに見守ってくれた家族（シドニー生まれのラブラドール・レトリバーで17年間3カ国を共に過ごしてきた愛犬クレア）にも感謝したい。

　人との出会いがその人の財産と言う。無理してでもMBAやLaw Schoolへ行くのは、そこで知り合う友人が一生の友として世界中に散らばっていくからだ、と石松さんは言う。その通りだと思う。私の財産は世界中で知り合った海外の大学で働く先生や図書館の人たちだ。

　最後になるが、この本が書店や図書館を通じて、ひとりでも多くの若い世代の方々に読んで頂けたら、それに勝る喜びはない。

2016年3月吉日
三竹大吉

（本書の著者印税は、ささやかながら海外の図書館団体へ寄付される計画となっている）

Thank you for
your everything.

参考資料

「アイビーリーグの入り方」 冷泉彰彦　　阪急コミュニケーションズ

「アメリカ最強のエリート教育」 釣島平三郎　　講談社

「アメリカの大学院で成功する方法」 吉原真里　　中央公論新社

「MBA留学ハンドブック」 岡玄什樹　　文芸社

「なぜアメリカの大学は一流なのか」 川本卓史　　丸善

「米国製エリートは本当にすごいのか？」 佐々木紀彦　　東洋経済新報社

「優秀なる羊たち」ウイリアム・デレシヴィッツ　　三省堂

「留学・アメリカ名門大学への道」 栄陽子　　三修社

"America's Best Colleges 2016 edition " U.S. News & World Report

"America's Best Graduate School 2016 edition " U.S. News & World Report

"Cambridge Colleges" Jarrold Publishing

"Excellent Sheep"William Deresiewicz, Free Press

"Oxford Scene: A View of the University and City" Chris Andrews Publications

"Princeton University" Richard D. Smith, ARCADIA

"World University Ranking 2016 " Times Higher Education

執筆者紹介

石松久幸（Hisayuki Ishimatsu）

慶應義塾大学図書館情報学科、メリーランド大学院図書館情報学卒。
職歴：メリーランド大学、シカゴ大学、カリフォルニア大学バークレー校、スタンフォード大学の各図書館に於いて日本研究部部長。日本古地図のデジタル・プロジェクト化では国際的な評価を得る。現在はライブラリー・コンサルタント。著書に『バークレー・クラブ』『アメリカほたる』『おじさん漂流記』。共書に『三井文庫旧蔵江戸版本目録』。訳書に『アフリカ系アメリカ人』、『もうひとつのアメリカン・ドリーム』など。
メールアドレス：yishimat@gmail.com、
ブログ：http://blogs.yahoo.co.jp/hisayuki_ishimatsu

三竹大吉（Daikichi Mitake）

立教大学文学部卒。1984 年（株）紀伊國屋書店入社。
1991 年シンガポール営業所長、1998 年シドニー営業所長を経て、
2001 年サンフランシスコ営業所長。2007 年アメリカ地区総支配人。
その後ニューヨークから西海岸アーバインへ移動し、
現在は紀伊國屋書店パシフィック・エイシアン地区営業本部所属。バンコク在住。
メールアドレス：mitakeand@gmail.com

横田カーター啓子 (Keiko Yokota-Carter)

現職：ミシガン大学大学院日本学研究司書（2012年より現職）

津田塾大学国際関係学科卒業。西ワシントン大学で女性学を専攻。大阪府立高校にて英語教諭。スタンフォード大学教育大学院国際開発教育修士号取得。コーネル大学、アマースト大学、スミス大学、ハーバード大学（夏季）等で7年間、日本語講師。その後、ミシガン大学情報大学院図書館情報学修士号取得し情報スペシャリストになる。OCLCで公立図書館向けに日本語図書業務委託に従事。ワシントン大学図書館日本学研究司書（1999-2012）

現在は、ミシガン大学図書館のコレクション構築だけでなく、北米日本学コレクション協同構築、特に日本語電子資料・メディア資料の普及、資料の保存とアクセス促進のために、北米・欧州の資料スペシャリスト、日本の図書館関係者、デジタル人文学研究者、電子資料開発業者と協力して日本資料の海外普及と日本研究促進に努めている。

バゼル山本登紀子 (Tokiko Yamamoto Bazzell)

現職：日本研究専門司書 Japan Studies Librarian, ハワイ大学マノア校図書館アジアコレクション部 Asia Collection Department, the University of Hawaii at Manoa

静岡県島田市出身。東京女子大学英米文学科卒業後、国際ロータリークラブ奨学金の援助を得て州立南イリノイ大学カーボンデール校言語学英語教授法修士課程卒業。1986年より野村総合研究所ワシントンDC支店勤務。1995年カソリック大学ワシントンDC校にて図書館情報学修士修得。1996年までリサーチライブラリアンとして野村総合研究所ワシントン支店勤務。1996年6月より私立アメリカン大学図書館でビジネス/レファレンスライブラリアンとして勤務。1999年1月より州立ハワイ大学マノア校図書館勤務。6月より現職。

世界の大学をめざせ！
アメリカのスーパーエリート校入門

2016年6月10日　初版第1刷発行

監修者　石松久幸
著　者　三竹大吉
発行者　森　信久
発行所　株式会社 松柏社
〒102-0072 東京都千代田区飯田橋1-6-1
TEL：03-3230-4813（代表）
FAX：03-3230-4857
Email：info@shohakusha.com
http://www.shohakusha.com
組版・ブックデザイン　香取礼子
印刷・製本　倉敷印刷株式会社
ISBN978-4-7754-0235-1
Copyright © 2016 Daikichi Mitake

本書は日本出版著作権協会（JPCA）が委託管理する著作物です。複写（コピー）・複製、その他著作物の利用については、事前に日本出版著作権協会（電話03-3812-9424, e-mail:info@e-jpca.com）の許諾を得てください。

◇松柏社の本◇

日本の学習指導要領では扱われない
内容を中心に解説！

先頃、文部科学省は、世界の有力大学が採用する「国際バカロレア（IB）」の国内認定校拡大の方針を決定、日本語による授業・試験の見通しがついた。
本書では主に、日本の高校2〜3年に当たる「ディプロマ・プログラム（DP）＝世界標準の高校数学」を徹底解説する！

国際バカロレアの数学

世界標準の高校数学とは

馬場 博史 [著]

●四六判●216頁●定価：本体1,800円＋税
●ISBN978-4-7754-0231-3
http://www.shohakusha.com

◇松柏社の本◇

さらば詰め込み教育!!

グローバル化の時代を迎え、世界で通用する人材を育成するこの教育プログラムの理念を徹底解説。著者の体験から、なぜ今日本でこのプログラムが必要なのかを具体的に解き明かす。

IB教育がやってくる！
「国際バカロレア」が変える教育と日本の未来

江里口 歓人（えりぐち かんどう）［著］

●四六判●168頁●定価：本体1,500円+税
●ISBN978-4-7754-0210-8
http://www.shohakusha.com

◇松柏社の本◇

国際バカロレアではなぜ文学が必修科目なのか？

学力のみならず、知的に物事を考え、社会に貢献する力を養うという『全人教育』を教育目標として掲げる国際バカロレア（インターナショナルバカロレア）教育の内容と試験を紹介する。必修6科目中2科目の言語教育のうちの〈文学コース〉に焦点を当て徹底解説。

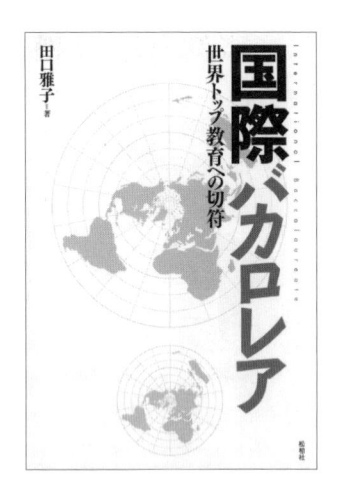

国際バカロレア
世界トップ教育への切符

田口 雅子 [著]

●四六判●211頁●定価：本体1,900円+税
●ISBN978-4-7754-0123-1
http://www.shohakusha.com